NIKLAUS KUSTER
MARTINA KREIDLER-KOS

DER MANN
DER ARMUT

NIKLAUS KUSTER
MARTINA KREIDLER-KOS

DER MANN
DER ARMUT

Franziskus –
ein Name
wird Programm

HERDER

FREIBURG · BASEL · WIEN

MIX
Papier aus verantwor-
tungsvollen Quellen
FSC® C083411

© Verlag Herder GmbH, Freiburg im Breisgau 2014
Alle Rechte vorbehalten
www.herder.de

Zitate von Papst Franziskus:
© Libreria Editrice Vaticana

Gestaltung: wunderlichundweigand / Stefan Weigand
Herstellung: CPI books GmbH, Leck
Printed in Germany

ISBN (Buch): 978-3-451-33481-8
ISBN (E-Book): 978-3-451-80143-3

INHALT

So ist mir der Name ins Herz gedrungen: Franz von Assisi

»Manche wussten nicht, warum der Bischof von Rom sich Franziskus nennen wollte«, verrät der Argentinier Jorge Mario Bergoglio drei Tage nach der Papstwahl in seiner ersten Audienz für Medienvertreter. »Einige dachten an Franz Xaver, an Franz von Sales und auch an Franz von Assisi.« Verschmitzt erklärt er seine Namenswahl:

> Ich erzähle Ihnen eine Geschichte. Bei der Wahl saß neben mir der emeritierte Erzbischof von São Paulo …, Claudio Hummes, ein großer Freund, ein großer Freund! Als die Sache sich etwas zuspitzte, hat er mich bestärkt. Und als die Stimmen zwei Drittel erreichten, erscholl der übliche Applaus, da der Papst gewählt war. Und er umarmte, küsste mich und sagte mir: »Vergiss die Armen nicht!« Und da setzte sich dieses Wort in mir fest: die Armen, die Armen. Dann sofort habe ich in Bezug auf die Armen an Franz von Assisi gedacht. Dann habe ich an die Kriege gedacht, während die Auszählung voranschritt bis zu allen Stimmen. Und Franziskus ist der Mann des Friedens. So ist mir der Name ins Herz gedrungen: Franz von Assisi. Er ist für mich der Mann der Armut, der Mann des Friedens, der Mann, der die Schöpfung liebt und bewahrt.[1]

Franziskus: Allein dieser Name genügte am Abend des 13. März 2013, um von der Segensloggia über dem Petersplatz in Rom eine Woge der Hoffnung ausgehen zu lassen. Dieser Name war eine Botschaft, die sofort und überall auf der Welt verstanden wurde. Es war neu, dass ein Papst sich nach dem populären Heiligen aus Assisi nennen wollte, und zugleich lag es auf der Hand. Viele fragten in den kommenden Tagen: Warum eigentlich erst jetzt?

Seit dem hohen Mittelalter steht Franziskus von Assisi wie kaum ein anderer Heiliger für die große Liebe zu Gott, die sich mit einer großen Liebe zur Welt verbindet. Er steht für die radikale Liebe zum Evangelium, für ein Leben in den Fußspuren des armen und menschenfreundlichen Jesus Christus. Er steht für eine nicht minder radikale Solidarität mit allen Menschen. Er steht für die Verständigung zwischen den Religionen, ja für einen mutigen und friedlichen Dialog mit Andersgläubigen. Er steht für einen achtsamen Umgang mit der Schöpfung und nicht zuletzt für ein geschwisterliches Zusammenleben aller Menschen. Vor allem aber hat dieser Heilige bis heute einen festen Platz in den Herzen der Menschen. Er verbindet Generationen und Nationen, genießt über die Grenzen von Konfessionen und Religionen hinaus breiten Respekt, und selbst die schärfsten Kirchenkritiker zollen ihm Lob. Franz von Assisi bleibt bis heute – was nicht ganz selbstverständlich ist – ein viel geliebter Heiliger.

Zwanzig Jahre bevor der erste Lateinamerikaner zum Papst gewählt wurde, schrieb der deutsche Kabarettist Hanns Dieter Hüsch ein nachdenkliches Gedicht mit dem engagierten Titel *Bemühung um Franziskus*. In seinem Anfang steckt eine aufregende Idee:

Alle kennen ihn / Na sagt doch jeder / Das ist doch der mit den Tieren / Klar das ist doch der mit den Spatzen / Der Franz / Der hat sich tatsächlich mit denen unterhalten / Der Franziskus / Der Franz von Assisi / Alle kennen ihn / Alle lieben ihn / Ja wenn der Papst wäre / Sagen viele / Dann würde ich gerne wieder meine Kirchensteuer zahlen / Dann sähe heute vieles anders aus ...[2]

Was vor Jahren eine verrückte Gedankenspielerei war, klingt seit dem Frühjahr 2013 nicht mehr ganz abwegig. Selbstverständlich ist Franz von Assisi nicht Papst geworden. Aber das mächtige Papstamt in Rom und der arme Heilige aus Umbrien sind eng zusammengerückt. Der erste Jesuit auf dem Petrusstuhl überrascht, indem er sich am heiligen Franziskus orientieren will – und von Anfang an ernst damit macht: Bereits bei seiner Präsentation auf der Segensloggia fällt der schlichte Auftritt des Neugewählten auf. Er verzichtet auf Prunk, auf Zeichen des Reichtums und der Macht. Er wünscht ein einfaches, menschliches »Guten Abend!« allen »Brüdern und Schwestern« und spricht von einem geschwisterlichen Weg, der gemeinsam zu gehen sei. Bevor er die Menge segnet, bittet er um das Gebet der Versammelten und Zuschauenden in der ganzen Welt. Der neue Pontifex grüßt die Menschen freundlich und lebensnah, wie es Franz von Assisi in Roms Straßen auch getan hätte. Und er verabschiedet sich herzlich, wünscht allen eine gute Nacht und »angenehme Ruhe«!

Der neue, erfrischend unkomplizierte Stil strapaziert in den folgenden Wochen und Monaten Sicherheitskräfte und Kurie: ein Papst auf Augenhöhe, ein Bruder der Kleinen, ein Freund anderer Religionen. Franz von Assisi lässt grüßen! Doch was kann der gelehrte Petrusnachfolger vom einfachen Bruder aus Assisi tatsächlich lernen? Kann sich die Spitze der Kirche mit Blick auf einen Mystiker an ihrer Basis neu orientieren? Was hat ein Mann des hohen Mittelalters der Kirche des dritten Jahrtausends zu sagen?

Das vorliegende Buch lässt Bruder Franz – und nicht nur ihn, auch seine Schwester Klara – zu Papst Franziskus sprechen – hoffnungsvoll, nachdenklich und ermutigend. Es setzt bei grundlegenden Einsichten und Haltungen der beiden Heiligen aus Assisi an, die den ersten Petrusnachfolger mit Namen Franziskus in seinem unkonventionellen Stil, in der Zuwendung zu den Armen, in der Begegnung der Geschlechter, bei der Erneuerung und Dezentralisierung der Kirche, in der Ökumene, auf der politischen Bühne und im Dialog mit der Welt und den Weltreligionen bestärken können.

Am Ende des oben zitierten Gedichtes spricht der deutsche Barde Hüsch den heiligen Franziskus selbst an:

> Ach komm wieder, Franz von Assisi / Mit Deiner Musik / Froh und feierlich / Heilig und heiter / Glücklich und gnädig / Wir sind so bereit, uns berühren zu lassen.[3]

Die ersten Reaktionen auf den neuen Papst scheinen gerade diesen letzten Satz zu unterstreichen: Zahllose Menschen sind so bereit, sich berühren zu lassen! Wellen der Sympathie schlagen dem neuen Kirchenoberhaupt entgegen, nicht nur innerhalb der katholischen Welt. Monatelang verfolgen die Massenmedien auf allen Kontinenten wohlwollend seine Auftritte. Ob Kirchenferne oder Kirchennahe, der neue Papst und sein neuer Stil scheinen alle etwas anzugehen. Das US-Wirtschaftsmagazin *Forbes* erklärt ihn bereits im Herbst zum viertmächtigsten Mann der Welt. Im Dezember 2013 wählt das

New Yorker Magazin *Time* Papst Franziskus zum »Menschen des Jahres«. Er habe das Potential, die Welt zu verändern, lautet die Begründung. Wohl keinem anderen Oberhaupt der katholischen Kirche ist es gelungen, in so kurzer Zeit so viele Hoffnungen zu wecken. In den ersten Monaten seiner Amtszeit entsteht eine riesige Erwartung: Was wird der neue Papst tun, und was wird er lassen? Was wird sich ändern?

Mit Blick auf seinen Namenspatron Franz von Assisi und dessen Gefährtin Klara leuchtet in all dieser Aufbruchsstimmung eine Einsicht unmittelbar auf: Kirche ist niemand allein – auch nicht der Papst. Kirche, das sind die Gläubigen nur gemeinsam. Deshalb geht es in diesem Buch nicht nur um Beobachtungen und Einschätzungen zu dem neuen Pontifikat. Es geht weit darüber hinaus um Ermutigung, Anstiftung und Befähigung, die Impulse aus Rom in das eigene christliche Leben aufzunehmen. Es geht darum, sie zu entdecken, umzusetzen und weiterzutragen. »Ein Papst sucht neue Bündnispartner«, titelt im Sommer 2013 eine große deutsche Sonntagszeitung[4] und meint damit das ganz normale Kirchenvolk. Hier findet sich in säkularer Sprache ausgedrückt, was Papst Franziskus nur wenig später allen Gläubigen in seinem ersten Apostolischen Schreiben *Evangelii gaudium* ans Herz legt: »Dieses Volk, das Gott sich erwählt und zusammengerufen hat, ist die Kirche. Jesus sagt den Aposteln nicht, eine exklusive Gruppe, eine Elitetruppe zu bilden. Jesus sagt: ›Geht zu allen Völkern und macht alle Menschen zu meinen Jüngern‹« (EG 113).[5] Und im Bischofspalais von Assisi sagt er am Franziskusfest: »Die Kirche sind wir alle! Alle! Angefangen beim ersten Getauften sind wir alle Kirche.«[6]

Franz von Assisi war kein einsamer Heiliger und Klara von Assisi keine einsame Schwester. Sie haben nicht allein gelebt, gehofft, geliebt und geglaubt, sondern viele Frauen und Männer haben gemeinsam mit ihnen ein Leben in der Nachfolge Christi gestaltet. Und sie versuchen dies bis heute – überall auf der Welt in den verschiedensten Kontexten und Lebensformen. Der neue Papst ist gewählt, um eine weltweite Kirche ins dritte Jahrtausend zu führen. Auch dieser Franziskus braucht dazu Brüder und Schwestern. Er braucht uns.

»ein neuer Stil« Begegnungen auf Augenhöhe

Die Bilder vom Abend des 13. März 2013 gehen um die ganze Welt: Auf dem regennassen Petersplatz und in der Via della Conciliazione warten etwa 200.000 Menschen auf den neuen heiligen Vater, der vier Wochen nach dem Rücktritt Benedikts XVI. die Kirche weiter führen soll. Der erste Auftritt auf der Loggia der Peterskirche überrascht. Der neu gewählte Papst beeindruckt durch eine Schlichtheit, die ebenso elektrisiert wie seine Namenswahl. Freunde barocker Pracht und monarchischer Macht werden dies bald als fortschreitende »Entzauberung des Amtes«[7] beklagen, während Millionen von Menschen weltweit begeistert auf Franziskus von Rom schauen. Vatikanische Insider berichten noch vor der Amtseinsetzung vom humorvoll entschlossenen Nein des Gewählten zur purpurnen Mozetta samt Hermelin, roten Lederschuhen und Goldkreuz: In der Kleiderkammer des Konklave lehnt der argentinische Primas die Würdezeichen des Pontifex ab, die unter seinem Vorgänger wieder gebräuchlich geworden sind.[8]

Doch nicht nur das persönliche Erscheinungsbild des neuen Bischofs von Rom liebt größtmögliche Einfachheit. Es gelingt

Papst Franziskus bereits mit den ersten Worten, die Distanz zwischen Loggia und Petersplatz zu überbrücken und das Gefälle zwischen oben und unten zu überwinden. Tausende haben den neuen »heiligen Vater« erwartet. Dieser betet zuerst ein Vaterunser mit dem Gottesvolk, um danach vom geschwisterlichen Weg zu sprechen, auf den er die ganze Kirche einlädt.[9] *»Einer ist euer Vater, der im Himmel, ihr alle aber seid Geschwister«*, so hat Jesus seine Jüngerinnen und Jünger gelehrt (Mt 23,9). Dasselbe macht Franz von Assisi in seiner öffentlichen Enterbung deutlich, wenn er vor den versammelten Schaulustigen und Würdenträgern seiner Stadt erklärt: *»Hört mich an und versteht mich gut ... Von nun an sage ich: Unser Vater, der du bist im Himmel.«*[10]

Menschennähe

Mit feinem Gespür wird Papst Franziskus auch in den folgenden Wochen und Monaten täglich »Augenhöhe« herstellen und jede Form von Überhöhung unterlaufen. Indem er am Tag nach der Wahl in einer Priesterherberge an der Via della Scrofa die Hotelrechnung persönlich bezahlt, schafft er es in die Nachrichtensendungen der Welt.[11] Als Papst trägt er auch weiterhin die Straßenschuhe, mit denen er in Argentinien durch die Favelas ging. Er bleibt im Gästehaus des Vatikans wohnen und zieht nicht in den Apostolischen Palast. Am Gründonnerstag, nur wenige Tage nach seiner Amtseinführung, wäscht er nicht Priestern oder ausgewählten Gästen, sondern kriminellen Jugendlichen in einem römischen Gefängnis die Füße. Im Frühling öffnet er die schwer zugänglichen Gärten des Vatikans für ein Picknick mit den Obdachlosen Roms, und im Dezember feiert er seinen 77. Geburtstag

Der eben noch privilegierte Kaufmannssohn und Modeexperte steht
entkleidet vor seinem irdischen Vater, dem Bischof und der Stadt. Was
die mittelalterliche Gesellschaft in Stände gliederte und voneinander
abhob, erscheint unter der Hand des himmlischen Vaters auf derselben
Ebene: Reiche und Einfache, Bürger und Adelige, Kleriker und Laien,
Bischof und Volk.

Enterbung des Franziskus im Tribunal des Bischofs
Giottoschule, Oberkirche von San Francesco, Assisi

mit drei Clochards.[12] Bei der Rückkehr vom Weltjugendtag in Brasilien im August antwortet er Journalisten auf die Frage, warum er mit seiner Ledermappe aus dem Flugzeug steige: Jeder andere Fluggast trage doch auch sein Handgepäck mit sich. Anders als Staatsoberhäupter und Prominente der Welt will der Petrusnachfolger nicht durch Begleittross und Privilegien auffallen. Er fordert seine Bodyguards, indem er auf Panzerglas verzichtet, Schranken ignoriert und in jeder Situation neu die unmittelbare Nähe der Menschen sucht.

Herzliche Begegnungen

»Augenhöhe« kennzeichnet im Vatikan die Treffen mit Regierungs- und Staatschefs sowie mit höchsten Vertretern anderer Kirchen. Als »herzlich« wird sowohl die Begegnung mit Kanzlerin Angela Merkel im Mai beschrieben wie auch das Zusammentreffen mit Wladimir Putin im November.[13] Herzlich sind auch hochrangige ökumenische Begegnungen: mit Nikolaus Schneider, dem Ratsvorsitzenden der Evangelischen Kirche in Deutschland (EDK),[14] oder mit dem koptischen Papst Tawadros II. im Mai.[15] Ebenso auf Augenhöhe, aber durchaus kritisch fallen die Botschaften aus, die an die Supermächte – etwa in Fragen militärischer Interventionen und europäischer Flüchtlingspolitik – oder an den Gewaltherrscher in der sich über den Sommer akut zuspitzenden Syrienkrise gerichtet sind. In *Evangelii gaudium* schließlich mischt sich Papst Franziskus mit scharfen Worten in gesellschaftliche Debatten ein: »Wir müssen heute ein ›Nein zu einer Wirtschaft der Ausschließung und der Disparität der Einkommen‹ sagen. Diese Wirtschaft tötet« (EG 53).

Liebevolle Tuchfühlung sucht Franziskus dagegen mit Kranken und gezeichneten Menschen, die er bei jeder der mittlerweile überfüllten Mittwochsaudienzen auf dem Petersplatz trifft. Im Oktober geht das Bild eines entstellten Mannes um die Welt, dessen Gesicht voller Tumore Franziskus an seine Brust drückt.[16] Für Schmunzeln sorgt dagegen ein Handyfoto, das eine Jugendliche aus Norditalien knipste und auf dem sie und ihre Freunde die Köpfe mit dem Papst zusammenstecken. Dieses Foto schaffte es gar auf die Titelseite des großen Jahresrückblicks 2013 der *Süddeutschen Zeitung*. Als messdienende Kinder aus Aarau Anfang Oktober die Stadt Rom besuchen und dem Papst schreiben, ob sie die Morgenmesse in der Casa Santa Marta mitfeiern könnten, dürfen zwei kleine Schweizer prompt ministrieren und erleben, wie großväterlich Franziskus sich der Kinder in der ungewohnten Umgebung annimmt.[17] Ende Januar 2014 begleiten ihn zwei Kinder mit ans Fenster des Apostolischen Palastes, um während des päpstlichen Angelus Friedenstauben fliegen zu lassen.[18] Das Magazin *Publik Forum* schreibt nach dem Weltjugendtag im August 2013 euphorisch: »Franziskus überzeugt durch eine ungewohnte Körperlichkeit. ›Der zärtliche Papst‹ schrieb ein brasilianisches Magazin. Er wirke wie ein Großvater, den sich jede Familie wünsche. Warmherzig, ungefährlich, gutmütig. Ein Familienoberhaupt.«[19]

Kontaktfreude

Ganz Italien verfolgt im Sommer, welchen Weg der Briefwechsel und die Telefonate zwischen dem Papst und dem Agnostiker Eugenio Scalfari nehmen. Der Mitgründer der linksliberalen Tageszeitung *La Repubblica* hatte im Juli einen offenen Brief mit »Fragen eines Nichtglaubenden an den Jesuitenpapst, der sich Franziskus nennt« geschrieben. Der Papst lässt Anfang September in derselben Zeitung eine respektvoll-offene Antwort abdrucken unter dem Titel »Wahrheit ist nie absolut«[20]. Sie ermutigt zu aufrichtiger Diskussion zwischen Glaubenden und Nichtglaubenden. Das erste Telefongespräch endet ergriffen mit dem Wunsch Scalfaris: »Kann ich Sie per Telefon umarmen?« Franziskus antwortet: »Natürlich, auch ich umarme Sie. Das werden wir dann auch wirklich tun, wenn wir uns sehen!« Wenig später empfängt der Pontifex den greisen Publizisten, der nicht an eine Seele glaubt und dem Bergoglio dennoch Geist und eine begnadete Seele zuspricht.[21]

Mario Palmaro und Alessandro Gnocchi werden im Oktober von Radio Maria entlassen, nachdem sie in der Zeitschrift *Foglio* einen Artikel mit dem Titel »Dieser Papst gefällt uns nicht« geschrieben haben. Über den Blog *Vinonuovo.it* wird ihr Schicksal publik, worauf der Papst den einen Journalisten persönlich anruft, nicht um die öffentliche Kritik zu diskutieren, sondern um Palmaro in seinen gesundheitlichen Problemen einfühlsame Nähe zu zeigen.[22] Im November drückt die deutsche Zeitung *Die Welt* unter dem Titel »Das Dilemma des Papstes« ein Unbehagen aus, das manche mittlerweile beschlichen hat: »Er verzichtet auf Pomp und Prunk, er ist wie du und ich«, wodurch er »am Ende der Kirche schaden« könnte, weil »das Amt des Papstes seine Aura verliert und die Kirche vollends und auf Kosten ihrer Besonderheit in dieser Welt ankommt«.[23] Solche Schlagzeilen machen auf eigene Weise deutlich, wie klar sich mit diesem Pontifikat Veränderungen abzeichnen.

Nicht nur schlichte Begegnungen vor Ort überraschen, sondern auch die Reichweite der päpstlichen Gesten – und seines Telefonanschlusses: Stefano Cabizza, ein Student aus Padua, schreibt dem neuen Papst im August einen Brief über seine Glaubenszweifel, und Franziskus ruft ihn zu Hause an. »Wer spricht?«, fragt der 19-Jährige. – »Sono Papa Francesco, diamoci del tu (Ich bin Papst Franziskus, sag ruhig du zu mir)« – die Jünger Jesu hätten sich schließlich auch geduzt.[24] Dass es sich bei diesem Anruf nicht um eine päpstliche PR-Strategie, sondern um die Anteilnahme eines Seelsorgers und echtes Interesse handelt, zeigt eine Nebenbemerkung Bergoglios im ersten großen Interview, das er der Jesuitenzeitung *Civiltà Cattolica* gewährt:

> Ich habe gesehen, dass das Telefongespräch, das ich mit einem Jungen geführt habe, von den Zeitungen aufgegriffen wurde. Ich habe angerufen, weil er mir einen sehr schönen Brief geschrieben hatte, ganz einfach. Das war für mich ein Akt der Fruchtbarkeit. Ich habe mir bewusst gemacht, dass ein heranwachsender Junge einen als Vater gesehen hat und ihm etwas von seinem Leben erzählt. Der Vater kann nicht sagen: »Darauf pfeife ich!« – Diese Fruchtbarkeit tut mir sehr gut.[25]

Stadt und Erdkreis

Fasziniert berichten Menschen überall in der lateinischen Welt von weiteren überraschenden Direktkontakten dieser Art. Von einem Polizisten vergewaltigt, schildert die Argentinierin Alejandra Pereyra ihre Not in einer Mail an den Papst, der mit der ihm unbekannten 44-jährigen Landsfrau daraufhin eine halbe Stunde telefoniert.[26] Der 77-jährigen Rosalba Ferri aus Pesaro sucht Franziskus per Telefon in ihrem Schmerz über die Ermordung ihres Sohnes beizustehen, nachdem dessen Bruder dem Papst die Not der Familie brieflich geschildert hat.[27] Dass auch diese Anteilnahme keineswegs eine Eintagsfliege ist, zeigt ein weiterer Anruf kurz vor Weihnachten.[28] Im Spätherbst erfährt der Papst von der seltenen Krankheit eines Gymnasiasten in Tezze sul Brenta bei Vizenza und ruft ihn an. Die Frucht des Gesprächs ist die Gründung einer Gesellschaft, welche Sammys Krankheit Progerie näher erforscht.[29] Ein Obdachloser, der dem Papst aus Venedig schreibt, wird zu seiner Überraschung nach der Messe vom Pfarrer seiner Gemeinde angesprochen und erhält 200 Euro zugesteckt: von Papst Franziskus. Dieser hatte dem Priester den Geldbetrag samt Antwortbrief auf seine Rückreise in die Lagunenstadt mitgegeben. Tief beeindruckt und voller Freude gibt Don Nandino Capovilla der Presse den folgenden Kommentar:

> Der Papst wird nicht müde, uns zu verblüffen. Seine Zeichen sagen uns, dass die Einzelpersonen und ihre individuellen Geschichten im Zentrum unseres Denkens und Handelns stehen müssen. Die Geste des Schecks, den ich im Vatikan für den bedürftigen Pfarreiangehörigen erhalten habe, ist nicht nur des Geldes wegen wichtig, nicht nur als materielle Hilfe in einer konkreten Not, sondern als Einladung des Papstes, jeder einzelnen Person aufmerksam zu begegnen.[30]

Als Franz von Assisi im Mai 1209 mit elf Gefährten erstmals vor Innozenz III. stand, erlaubte der mächtigste Papst des Mittelalters diesen zwölf Laien, das Evangelium überall auf Erden ermutigend zu verkünden.[31] Die Brüder verließen die *urbs*

(Stadt) und wandten sich dem *orbis* (Erdkreis) zu, den sie in den nächsten Jahren auf allen bekannten Kontinenten durchwanderten. Sie zogen ihre Kreise weit. Papst Franziskus sagte bei seiner Vorstellung auf der Segensloggia, dass er »vom Ende der Erde nach Rom gekommen sei«. Seine vielfältigen Kontakte mittels Social Media oder Telefonaten zeigen, dass er von Rom aus auch als Seelsorger eine globale Aufmerksamkeit zu wahren sucht. Er setzt mit einfachen Gesten Zeichen, die überall auf der Welt verstanden werden und in der gesamten Gesellschaft zur Nachahmung anspornen.

Dabei erinnert die kreative Fantasie des Pontifex an jene des Spielmanns aus Assisi, der die Aufmerksamkeit der Menschen als »Gaukler Gottes« mit beispielhaften Szenen auf sich zog, um seine Zuschauer zu berühren, aufzurütteln und betroffen zu machen: So lud Franz von Assisi ungeniert hungernde Ritter ein, gemeinsam mit seinen Brüdern in einem Dorf um Almosen zu bitten.[32] Traurig über den Schmutz in den Kirchen am Weg nahm er selbst den Besen zur Hand,[33] und wann immer er einem Ärmeren begegnete, schenkte er ihm seinen eigenen Mantel – mit der Begründung, er habe diesen doch nur von ihm geliehen.[34] Auch Papst Franziskus schlägt mit seinem Tun Wellen, die im ganz normalen Alltag neue Maßstäbe setzen: Ein junger deutscher Priester, der seine Ausbildung in Rom ergänzen will, sagt im Sommer – halb lächelnd, halb nachdenklich – am Kaffeetisch zu befreundeten Ordensfrauen: »Es wird nun gar nicht so leicht, in Rom eine Bleibe zu finden. Man sollte ja nicht luxuriöser wohnen als der Papst selbst.«[35]

In einer frühen Audienz ließ Franziskus durchscheinen, dass es in den höfisch-monarchischen Strukturen des Vatikans nicht einfach sei, die Nähe zu den Menschen zu wahren. Es gelte, auch gegen Widerstände der eigenen Linie treu zu bleiben und für eine menschennahe Kirche einzustehen.[36] Anfang Oktober erzählt er in einer Ansprache vor Priestern, Ordensleuten und engagierten Laien in Assisi anschaulich und sehr engagiert, wie konkret sich für ihn dieses Anliegen darstellt:

> Wenn ich an die Pfarrer von früher denke, die noch die Namen ihrer Pfarrkinder kannten, sie noch besucht haben; oder – wie einer von ihnen einmal zu mir sagte: ›Ich weiß von jeder Familie, wie ihr Hund heißt.‹ Das muss man sich einmal vorstellen: sie wussten sogar, wie die Hunde ihrer Pfarrkinder hießen! Das war doch schön! Gibt es etwas Schöneres?[37]

Wer ist Jorge Mario Bergoglio?

Im August 2013 gibt Papst Franziskus das bereits erwähnte erste ausführliche Interview. Es wird im Internet am 19. September freigeschaltet und kann von da an überall auf der Welt eingesehen werden. Über mehrere Stunden – verteilt auf drei Tage – befragt der Herausgeber von *La Civiltà Cattolica* im Auftrag aller Chefredakteure und Chefredakteurinnen[38] der europäischen Jesuitenzeitschriften Papst Franziskus in ausführlichen Gesprächen. Die Themen waren zuvor gemeinsam gesammelt worden. Der Jesuit Antonio Spadaro erzählt in seiner kurzen Einleitung warmherzig von einer vertrauensvollen Atmosphäre, von unprätentiösen Gesten und Gedanken und schließlich von einem »sprudelnden Dialog«.[39] Und tatsächlich, in der deutschen Druckfassung ist das Interview 53 Seiten lang.

Während das Interview im Netz erscheint und erste Reaktionen die Welt in Atem halten, sind die Autorin und der Autor dieses Buches gemeinsam bei einer interfranziskanischen Veranstaltung in der Schweiz. Gespannte Neugier herrscht bezüglich der Ankündigung aus Rom, und noch in der Nacht wird das Interview ausgedruckt und gelesen. Eine engagierte Teilnehmerin erzählt am Frühstückstisch: »Ich konnte einfach nicht aufhören! Das ist nicht nur ein Interview, das ist ein wirkliches Gespräch. Manchmal nicht ganz glatt, aber es klingt so anders, so lebensnah. Man erfährt, welche Musik der Papst hört, welche Literatur ihn beeinflusst hat, man erfährt so viel, was ihm wichtig ist! Oh, man lernt ihn kennen!« Ein anderer Gast ergänzt schmunzelnd: »Ja, und das Interview steckt voller Überraschungen.« Ganz ähnlich scheint es dem Fragesteller selbst ergangen zu sein. Das Gespräch beginnt schon anders als geplant: »Ich habe Fragen vor mir«, erzählt Antonio Spadaro, »aber ich beschließe, nicht dem von mir vorbereiteten Entwurf zu folgen, und frage den Papst etwas unvermittelt: ›Wer ist Jorge Mario Bergoglio?‹ Der Papst blickt mich schweigend an. Ich frage ihn, ob man ihm eine solche Frage stellen darf. Er gibt mir ein Zeichen, dass er die Frage akzeptiert.« Nachdenklich lautet seine Antwort: »Ich weiß nicht, was für eine Definition am zutreffendsten sein könnte … Ich bin ein Sünder. Das ist die richtige Definition. Und es ist keine Redensart, kein literarisches Genus. Ich bin ein Sünder … Ich bin ein Sünder, den der Herr angeschaut hat. Und er wiederholt: Ich bin einer, der vom Herrn angeschaut wird.«[40]

Christus auf Augenhöhe

Dieser schonungslos ehrliche und zugleich liebevolle Satz erinnert nicht nur an die Erste Woche der ignatianischen Exerzitien[41], sondern – im franziskanischen Kontext – auch an eine Metapher, die Klara von Assisi besonders liebte. Sie verwendet das im Mittelalter hoch geschätzte spirituelle Bild des Spiegels oft und gern. Christus, sagt sie, ist ihr ein Spiegel. An ihre Freundin Agnes von Prag schreibt sie: *In diesen Spiegel schaue täglich und spiegle stets in ihm dein eigenes Gesicht.*[42] Will heißen: Begib dich immer und immer wieder ausdrücklich in die Gegenwart Gottes. Lass dich von ihm anschauen, und schau auch du ihn an.

Die Heiligen aus Assisi lebten in einer Zeit, die nicht derart durch Bilder geprägt war wie die unsere. Wir können aber ein »Spiegelbild« Christi erkennen, das Franziskus und Klara tatsächlich gesehen haben: In der kleinen Kapelle vor den Mauern der Stadt Assisi, in die Klara und ihre ersten Gefährtinnen einzogen und die sie mit tatkräftiger Hilfe von Brüdern zum kleinen Kloster San Damiano ausbaute, gab es ein bemaltes Tafelkreuz, eine Ikone byzantinischer Schule. Heute kann das sogenannte Kreuz von San Damiano überall auf der Welt und in unendlich vielen Reproduktionen bestaunt werden. Das Original ist seit 1953 für Pilgernde aus aller Welt in der Basilika Santa Chiara, Klaras Grabeskirche in Assisi, zugänglich.[43]

Das Kreuz von San Damiano beeindruckt auf vielerlei Weise. Christus schaut die Betrachtenden mit weit offenen Augen an. Tatsächlich sind diese Augen proportional etwas zu groß geraten. Das ist kein Versehen des Künstlers, sondern birgt seine theologische Absicht: Christus nimmt die Betenden hellwach wahr, er hört, was sie zu sagen, zu bitten, zu klagen haben.

Menschen aller Zeiten, beider Geschlechter und mit unterschiedlichsten
Erfahrungen begegnen Christus und einander auf diesem Kreuzbild.
Ikonenkreuz von San Damiano
Kreuzkapelle der Basilika Santa Chiara, Assisi

Man erkennt neben den aufmerksamen Augen auch ein freies Ohr. Dieser Christus hat buchstäblich offene Ohren für Freud und Leid der Menschen. Klara und ihre Schwestern muss dieses Bild von San Damiano im Laufe vieler Jahre geprägt haben, nicht weniger als Franz von Assisi, der davor – durch einige Monate hindurch – gebetet und noch als junger Einsiedler einen tiefen Durchbruch erfahren hatte.[44]

Nachfolgegemeinschaft

Franz war – etwa um das Jahr 1206 – in diesem Kreuz seinem Herrn und Meister begegnet, der nicht fern im Himmel thront, sondern sich menschlich nahe zeigt; der nicht – und das war neu am Ende der Romanik – als Herrscher dargestellt wird und als allmächtiger Regent, dem selbst Sonne und Mond zu Diensten sind, sondern als nahbarer Mensch Gewordener, der seine Arme weit ausbreitet und alle birgt, die sich unter seinen Schutz stellen. Wir finden tatsächlich die ganze Nachfolgegemeinschaft auf diesem Kreuzbild: symbolisiert in Maria, der Mutter Jesu, im Freund und Lieblingsjünger Johannes, in Maria von Magdala, in einer weiteren Maria, die Jesus unterstützt hat, und in einem namenlosen Hauptmann mit Gefolge. Auch eine Menge himmlischer Wesen, Engel in Menschengestalt, sind auf dem Bild zu finden, sowie Gesichter zu Füßen Christi, die meisten abgegriffen und unkenntlich geworden im Laufe der Jahrhunderte. Vermutlich stellen sie die Heiligen des alten Bundes dar, jene, die die Schriften des Ersten Testamentes als Gerechte kennen. Menschen aller Zeiten, beider Geschlechter und mit den verschiedensten Erfahrungen kommen einander auf diesem Kreuzbild nahe.

Damit sind wir zurück beim Interview des Papstes: Es gibt keine Unterschiede zwischen den Menschen in ihrer Würde vor Gott. Alle – ob Papst oder Ministrant, Professorin oder Mädchen für alles – werden von Gott gesehen. Der Kapuziner Martin Germann, der am selben Tag jenes interfranziskanischen Schweizer Meetings mit der Gruppe in der Hauskapelle Eucharistie feiert, ist sichtlich beeindruckt von den gerade veröffentlichten Worten des Papstes. Während der Liturgie nimmt er jene erste, ganz persönliche Antwort auf: »Ich bin einer, der vom Herrn angeschaut wird.« Und er ergänzt auf seine Weise: Wir alle sind Menschen, die von Gott angeschaut werden. In *Evangelii gaudium* wird Papst Franziskus diesen Gedanken wiederaufnehmen und ihm noch einmal eine klare Sprachgestalt geben:

> Einen himmlischen Vater zu bekennen, der jeden einzelnen Menschen unendlich liebt, schließt die Entdeckung ein, dass er »ihm dadurch unendliche Würde verleiht«. Bekennen, dass der Sohn Gottes unser menschliches Fleisch angenommen hat, bedeutet, dass jeder Mensch bis zum Herzen Gottes erhöht worden ist. Bekennen, dass Jesus sein Blut für uns vergossen hat, hindert uns, auch nur den kleinsten Zweifel an der grenzenlosen Liebe zu bewahren, die jeden Menschen adelt.

Und Franziskus schließt an, dass eine solche Einsicht Konsequenzen hat:

> Seine Erlösung hat eine soziale Bedeutung ... Die Annahme der Erstverkündigung, die dazu einlädt, sich von Gott lieben zu lassen und ihn mit der Liebe zu lieben, die er selbst uns mitteilt, verursacht im Leben des Menschen und in seinem Tun eine erste und grundlegende Reaktion: dass er das Wohl der anderen wünscht und anstrebt als etwas, das ihm am Herzen liegt (EG 178).

Der neue Stil des neuen Papstes ist also weit mehr als eine persönliche Eigenheit oder eine werbewirksame Strategie. Er ist ein Bekenntnis – das Folgen hat.

»vergiss die Armen nicht«
Kirche mit allen

»Ach, wie möchte ich eine arme Kirche für die Armen!«[45] Noch vor seiner Amtseinführung geht dieser zukunftsweisende Ausruf Bergoglios um die Welt. Mit seiner Namenswahl wünscht sich der neue Papst ausdrücklich eine arme Kirche. Er kritisiert den Kapitalismus, der so viele arm und ausgebeutet zurücklässt, und er berührt weltweit durch solidarische Zeichen. »Im Herzen Gottes gibt es einen so bevorzugten Platz für die Armen, dass er selbst ›arm wurde‹ (2 Kor 8,9)« (EG 197), hält seine Programmschrift *Evangelii gaudium* in aller Klarheit und biblisch fundiert fest. Seine lateinamerikanische Herkunft – insbesondere seine Verantwortung für das Schlussdokument der Versammlung der Bischöfe in Aparecida (2007)[46] – und sein wacher Blick für strukturelle und persönliche Benachteiligungen lassen ihn dabei deutliche Worte finden: Eine Gesellschaft, die Menschen systematisch ausschließt und wie »Müll« behandelt, muss sich dringend verändern.[47]

Präsident Barack Obama zeigt sich vom prophetischen Papst ebenso beeindruckt wie die linke Politikerin Sahra Wagenknecht.[48] Bei aller Sympathie für den Menschenfreund auf dem Papstthron stellen Medien vor allem in der westlichen

Welt aber auch kritische Fragen: Kann ein Papst im Vatikan selber arm sein? Müsste er, wenn er sich an Franz von Assisi orientiert, nicht unter den Armen leben? Was bedeutet Reform der Kirche im Geist von Bruder Franz? Was hat die katholische Kirche materiell vom Franziskus-Papst zu erhoffen oder zu befürchten?[49] Was bedeutet eine arme Kirche in Kontexten, in denen ihre Mitglieder zum größten Teil nicht arm sind? Illustrative Szenen aus der Biografie des Franz von Assisi, die von Armut handeln und nicht selten in Rom spielen, liefern erste Antworten auf solche Fragen.

Wie Franz von Assisi Armut versteht

1205 pilgerte Franziskus mit seiner Familie zum Apostelgrab nach Rom. Er war zu diesem Zeitpunkt noch der junge Luxuskaufmann der aufstrebenden Stadtkommune Assisi und die Zukunftshoffnung seiner Zunft. Aber er war auch schon durch Krieg, Kerkerhaft und Krankheit in seinem Ehrgeiz merklich erschüttert, und so kam es in der prächtigen Peterskirche zu einem Eklat: Entsetzt über die Knauserigkeit reicher Pilger tauschte der Modeexperte seine Kleider kurzerhand mit einem Bettler und setzte sich in Lumpen gekleidet selbst ans Portal der Basilika. Ein starkes Zeichen, das ihn die Welt Roms mit den Augen der Verachteten zu sehen lehrte.[50]

Doch der Kleidertausch für ein paar Stunden wurde nicht zur Lebenswahl des Franziskus. Er wird auch nach seiner Enterbung nie bettelarm an Kirchentüren sitzen und mit schmutzigen Händen an die Barmherzigkeit der Passanten appellieren. Armut bedeutete für ihn nicht die Wahl eines elenden Lebens, sondern Kampf gegen das Elend. Selbstgewählte Armut lehrte ihn nicht passives Betteln, sondern immer und überall engagierte Solidarität: Er wird zu jeder Zeit das verschenken, was er gerade hat – sein Erbe, seine Kleidung oder auch das kostbare und einzige Neue Testament, das die Brüder besitzen. Franziskus entscheidet gut begründet zugunsten einer verarmten alten Frau: *Gebt unserer Mutter das Neue Testament, damit sie es zur Abhilfe ihrer Not verkaufe. Ich glaube nämlich fest, dass dies dem Herrn und der seligen Jungfrau, seiner Mutter, mehr gefallen wird, als wenn ihr darin lesen würdet.*[51]

Wenn Bruder Franz ein armes Leben an der Seite der Armen wählte, ging es ihm immer um mehr als ethische Postulate. Seine Motivation lag nicht nur darin, Randständige zu ermutigen und Privilegierte zur Solidarität zu bewegen. Er ging so weit, die Armut selbst zu personifizieren und als geschätzte Herrin zu besingen, da doch sein Herr und Meister Jesus Christus in Armut Mensch geworden war. Seine poetischen Lieder auf »Frau Armut« erinnern zärtlich und tief an diese Freundin Jesu, an die Lebenswahl des Gottessohnes selbst, der seine Zuwendung den Kleinsten zeigte: den Hirten von Betlehem, Aussätzigen und Ausgegrenzten in Galiläa, Kriminellen am Kreuz. In seiner Liebe zu dieser »Frau Armut« arbeitete Bruder Franz auf den Feldern der Bauern ebenso wie in den Häusern der Reichen. Diese Liebe baute – ohne von Klassenkampf zu träumen – soziale Brücken zwischen Stadt und Land, Privilegierten und Arbeitern, Arm und Reich.

Die Armut der Apostel

Vier Jahre nach besagter Wallfahrt besuchte Franz von Assisi die Peterskirche erneut, diesmal mit den ersten elf Gefährten.

In ärmlichen Kutten standen sie im Mai 1209 vor dem mächtigsten Papst des Mittelalters, der sie im Lateran empfing. Innozenz III. verteidigte die Armut der Brüder vor reichen Kardinälen mit dem Argument, dass sie doch radikal nach dem Evangelium leben würden. Er erlaubte ihnen, mit leeren Händen durch Städte und Dörfer zu ziehen, angewiesen auf das Wohlwollen und die Gaben der Menschen. Wie die Apostel Jesu in Galiläa sollten sie den Frieden in die Häuser tragen und das Evangelium bis an die Enden der Erde lebensnah und alltagstauglich verkünden.

Die Armut der Apostel bedeutet dabei nicht Bettelei und Nichtstun, sondern eine leidenschaftliche Friedenssendung im Vertrauen auf die Sorge Gottes und die Solidarität der Menschen. So lehrt es die Bergpredigt Jesu, welche die Armen seligpreist und die Sorge für das Reich Gottes weit wichtiger einschätzt als jene um Essen, Trinken und Kleidung: Der himmlische Vater hat Vorsorge für das Lebensnotwendige getroffen bei Pflanzen, Tieren und Menschen (Mt 5–6). Die Jünger werden in Galiläa wehrlos und ohne Vorräte ausgesandt, um das Reich Gottes erfahrbar zu machen, Frieden zu stiften und sozial befreiend zu wirken (Mt 10, Lk 10). Jesu Rat an den Reichen und die Zusage an die Apostel (Mk 10) verheißt jenen, die alles aufgeben, den Erlös den Armen zukommen lassen und dem Rabbi folgen, eine neue Familie mit unzähligen Geschwistern, Häusern und Äckern.

Jesu Sendung brachte Franziskus und seine Brüder in Kontakt mit allen sozialen Schichten, politischen Parteien und kirchlichen Ständen. Ihre gewaltlos arme Friedensmission ließ sie in lokale Konflikte eingreifen und auf der Weltbühne aktiv werden. Als Franziskus 1220 aus Ägypten und Syrien zurückkehrte, reagierte er schockiert auf die Entwicklung seiner Bewegung. Er suchte daher die Römische Kurie auf, um sowohl klösterliche Normen für seinen Orden widerrufen zu lassen als auch Bestrebungen, mit Brüdern und Aussätzigen einen Zweigorden zu bilden, zurückzuweisen. Franz blieb bis zu seinem Tod ein Freund der Leprosen. Aber anders als etwa Elisabeth von Thüringen wollte er nicht in Hospitälern das Leben der Ärmsten dauerhaft teilen. Er nächtigte in Leprosarien, lenkte die Aufmerksamkeit der Städter auf die Ausgegrenzten – und zog dann weiter. Seine Armut orientiert sich an den wandernden Aposteln und nicht an sesshaften Spitalorden oder karitativen Institutionen.[52]

Randständige und Privilegierte

Anlässlich des Besuches bei der Römischen Kurie in Orvieto predigte der Bruder auf Einladung von Papst Honorius III. vor den Kardinälen. Seine Worte sollen erschüttert haben. Zum Papst selbst sagte Franziskus: *Zu einer so großen Majestät wird armen und verachteten Leuten, wie ihr wisst, Herr, nicht leicht der Zutritt gewährt. Ihr haltet ja den Erdkreis in Händen, und die Beschäftigung mit so großen Dingen lässt nicht zu, dass Ihr den Geringsten Eure Aufmerksamkeit zuwendet.*[53] Worte, die schlicht feststellen, in welcher Distanz die Monarchie der Kirche und ihr Hofstaat zur Basis des Gottesvolkes und zu Menschen am Rand der Gesellschaft lebten. Der erste Franziskus-Papst wird, wie wir im ersten Kapitel sahen, kreative Mittel finden, diese Distanz zu überwinden, um immer wieder in direkten Kontakt zu einfachen Menschen in aller Welt zu treten.

Aber er wird diesbezüglich auch klare Worte finden und deutlich machen, dass es die Aufgabe eines jeden Christen und einer jeden Christin ist, diese Distanz zu überwinden. Der Papst betritt bei seinem ersten Besuch in Assisi Anfang Oktober 2013 auch jenen Saal bei der Bischofskirche Santa Maria Maggiore, in dem sich der Kaufmannssohn Francesco di Bernadone 1206 vor Bischof und Vater nackt ausgezogen hatte, um seine Zugehörigkeit zum einen, einzigen Vater im Himmel zu demonstrieren. Die päpstliche Botschaft in der »Sala della Spogliazione« (Saal der Entkleidung) spricht denn auch eindringlich von der notwendigen »Entkleidung der Kirche«:[54]

> Mein Mitbruder im Bischofsamt hat gesagt, dass heute zum ersten Mal seit 800 Jahren ein Papst hierher kommt. In den letzten Tagen ist in den Zeitungen, in den Kommunikationsmitteln, viel fantasiert worden. »Der Papst geht dorthin, um die Kirche zu ›entkleiden‹!« »Was wird er die Kirche ablegen lassen?« »Die Gewänder der Bischöfe, der Kardinäle; er wird bei sich selbst beginnen.« Es ist ein guter Anlass, die Kirche aufzufordern, sich zu »entkleiden«. Aber die Kirche sind wir alle! Alle! Angefangen beim ersten Getauften sind wir alle Kirche. Und wir alle müssen den Weg Jesu gehen, der selbst den Weg der »Entkleidung«, der Entäußerung, gegangen ist. So wurde er zum Knecht, zum Diener … Jesus ist Gott, der seine Herrlichkeit ablegt. Bei Paulus lesen wir: Christus Jesus, der Gott gleich war, »entkleidete« sich, er entäußerte sich und wurde uns Menschen gleich, und er erniedrigte sich bis zum Tod am Kreuz (vgl. Phil 2,6–8). Jesus ist Gott, aber er wurde nackt geboren, in eine Krippe gelegt, und er starb nackt am Kreuz …
> Hier hat sich Franziskus von allem entledigt – vor seinem Vater, dem Bischof und den Bürgern von Assisi. Es war eine prophetische Geste, und es war auch eine Geste des

Gebets, eine Geste der Liebe und des Anvertrauens an den Vater, der im Himmel ist. Mit dieser Geste hat Franziskus seine Wahl getroffen: die Wahl, arm zu sein ... Wir alle sind gerufen, arm zu sein, uns von uns selbst zu entäußern; und deshalb müssen wir lernen, den Armen nah zu sein, mit den Menschen zu teilen, denen das Notwendigste fehlt, das Fleisch Christi zu berühren! Ein Christ beschränkt sich nicht darauf, über die Armen zu reden, nein! Ein Christ geht auf sie zu, er sieht ihnen in die Augen, er berührt sie. Ich bin nicht hier, um »Schlagzeilen zu machen«, sondern um zu zeigen, dass das der christliche Weg ist; der, den der hl. Franziskus gegangen ist.[55]

Prophetische Zeichen

Weil der Papst seinerzeit zu beschäftigt war, erbat sich Franz von Assisi einen Kardinal als Berater und Beschützer des jungen Ordens. Er erhielt mit dem Kardinalbischof Ugo von Ostia den zweitmächtigsten Mann der Römischen Kurie als Protektor. Dieser Kirchenfürst schmückte sich gerne mit dem kleinen Armen aus Assisi. Er präsentierte den mittlerweile berühmt gewordenen Bruder bei einem Mittagsmahl in der Ewigen Stadt seinen vornehmen Verwandten und anderen ihm nahestehenden Prälaten. Franziskus ließ sich durchaus an diese reiche Tafel laden, brüskierte den Kardinalbischof aber mit einer sprechenden Zeichenhandlung. Sogar der Pariser Magister, Ordensgeneral und spätere Kardinal Bonaventura da Bagnoregio fügte diese Geschichte in seine offizielle Biografie des Heiligen ein. Dabei war die Begebenheit für den Herrn Ugo persönlich einigermaßen brisant, erschien doch ausgerechnet dieser mächtige »Freund des Heiligen« darin in einem unvorteilhaften Licht.

Für Franziskus war der Ehrenplatz an der Seite des Gastgebers bereit. Doch in der Gesellschaft der edlen Herren und Exzellenzen schien der kleine Bruder sich nicht ganz wohl zu fühlen. Jedenfalls entschuldigte er sich für eine kurze Zeit, stieg hinunter in die Gassen und setzte sich unter die Bettler, die vor der Türe Speisereste für ihr Mittagsmahl erbaten. Als sich auch in seinem Holznapf genügend Brotrinden und Gemüsereste gesammelt hatten, kehrte Franziskus in Ugos Runde zurück, teilte einem jeden Gast etwas von seinen Gaben zu und nahm dann wieder Platz. Nach diesem Mahl führte der Kardinal den Bruder zur Seite, umarmte ihn und fragte ihn, etwas peinlich berührt, warum er ihn mit diesem Verhalten denn so bloßgestellt habe?

> *Habe ich Euch nicht geehrt – so Franziskus' Antwort – indem ich einen größeren Herrn ehrte? Gott selber liebt die Armut, und ich will meinem Herrn folgen, der seinen Reichtum aufgab und unseretwegen arm geworden ist.*[56]

Diese denkwürdige Episode fiel wohl in die Zeit, als Bruder Franz in den Jahren der Regelredaktion wiederholt nach Rom kam. Mit liebenswürdigen Provokationen, wie sie auch den Bergoglio-Papst auszeichnen, überwand er trennende Mauern und verband die Spitzen von Gesellschaft und Kirche mit verachteten Menschen ganz unten. Armut, wie Franz von Assisi sie auf den Spuren Jesu lieb gewann, hat eine verbindende Kraft. Der Reichtum eines Ugo dagegen trennt. Der Poverello überwand die Kluft zwischen der reichen Tafel des Kardinals und den Bettlern vor seiner Türe.

Der kleine Bruder aus Assisi überraschte mit seiner Nähe sowohl zu Kardinälen und Grafen wie zu den Ausgegrenzten der Gesellschaft. In der Szene von der reichen Festtafel brauchte es dabei keine Worte, um an Jesu Gleichnis vom armen Lazarus vor der Haustür eines Prassers zu erinnern:

> *Es war einmal ein reicher Mann, der sich in Purpur und feines Leinen kleidete und Tag für Tag herrlich und in Freuden lebte. Vor der Tür des Reichen aber lag ein armer Mann namens Lazarus, dessen Leib voller Geschwüre war. Er hätte gern seinen Hunger mit dem gestillt, was vom Tisch des Reichen herunterfiel. Stattdessen kamen die Hunde und leckten an seinen Geschwüren* (Lk 16,19–22).[57]

Das Zeichen mochte der Kardinal erkannt haben, ohne allerdings die innere Handlungsfreiheit des Bruders zu verstehen. Er kannte den Wert jener Armut nicht, die alles gibt, was sie hat, die durch Zuwendung verbindet und die Menschen aus ihrem Schattendasein befreit.

Miteinander statt Konkurrenz

Der Poverello verzichtete auch in anderen Situationen auf verbale Kritik am Luxus der Reichen und am Reichtum der Kirche. Er sprach durch sein Handeln, erinnerte Privilegierte an die Not vor den Stadtmauern und Kardinäle wie auch eigene Brüder an die Bettler vor der Haustür. Solidarität kennzeichnet bis heute die franziskanische Lebenswahl, und Teilen ist ihre Antwort auf die Not der Menschen. Franz von Assisi lebte am Morgen der bürgerlichen Moderne, in der die Geldwirtschaft den Tauschhandel neu ablöste. Kaufleute waren die ersten Banker und als solcher profitierte der junge Bernardone vom frühen Kapitalismus. Als er dessen soziale Folgen erkannte und vom armen Christus in San Damiano bewegt zum Aussteiger wurde, entwickelte er kein alternatives Gesellschafts- und Wirtschaftssystem, ebenso wenig wie es der Rabbi aus Nazaret getan hatte. Seine Praxis wurde prophetische Kritik und sein neues Menschenbild rüttelte auf: Dem Konkurrenzsystem stellte Franziskus ein geschwisterliches Miteinander gegenüber, dem Karrierestreben die Zuwendung zu den Geringsten, der Gewinnmaximierung führender Zünfte das radikale Teilen mit allen Bedürftigen, klerikaler Eitelkeit die schlichte Freiheit von Laien und einer reichen monarchischen Amtskirche das mittellose Wanderleben neuer Apostel. Innerster Kern dieser franziskanischen Solidarität ist und bleibt eine Grundwahrheit des christlichen Glaubens: Wenn Gott einziger Vater aller Menschen ist, wer ist einander dann nicht Schwester oder Bruder? Niemand findet Gott, der achtlos an Menschen vorbeigeht.

Papst Franziskus muss ebenso wenig ein Bettler werden, wie Franz von Assisi einer gewesen war, der nur betteln ging, wenn man den Brüdern den Lebensunterhalt für geleistete Arbeit verweigerte. Wie sein heiliges Vorbild ergreift der neue Papst jedoch Partei, wenn er sich leidenschaftlich zur Stimme der Ärmsten macht. Auch muss er nicht zum radikalen Aussteiger werden, wie es Franz von Assisi gewesen ist, da er nicht zum Leben eines Franziskaners berufen, sondern ins Amt der Kirchenleitung gewählt worden ist. Er beweist mit seinem Blick auf Menschen am Rand und in vielfältigen Nöten jedoch, dass er eine franziskanische Wahrnehmung der Gesellschaft hat, die neoliberale Marktwirtschaft mit kritischem Blick durchschaut und Menschen, die zu kurz kommen, mit *compassio* begegnet. Und als Oberhaupt eines Kleinstaats und mächtigster Kirchenführer der Welt nutzt er seine Position, um der Weltwirtschaft und der politischen Kultur der Moderne ins Gewissen zu reden.

Päpstliche Kapitalismuskritik

Die folgenden Abschnitte seines programmatischen Schreibens *Evangelii gaudium* haben weltweit Schlagzeilen in der Presse und in Mediendebatten provoziert. Der Papst skizziert darin u. a., wie er die »Option für die Armen« praktisch versteht. Dieses Thema, seine Brisanz und seine Dringlichkeit sind keineswegs Neuland für Bergoglio. Als Erzbischof von Buenos Aires hatte er die Verantwortung für die Redaktion des Schlussdokumentes der Fünften Generalversammlung der Bischöfe Lateinamerikas und der Karibik. Dabei ging es um nicht weniger als die programmatische Ausrichtung der Kirche eines ganzen Kontinentes, auf dem sich die Frage nach der Armut vieler und dem Reichtum weniger Menschen in gigantischem Ausmaß stellt.[58] Der Papst prangert in seinem ersten Apostolischen Schreiben mit denselben scharfen Worten wie 2007 in Aparecida ein Wirtschaftssystem an, das Menschen ausschließt, dem Profit opfert und wie »Müll« behandelt.

> Diese Wirtschaft tötet. Es ist unglaublich, dass es kein Aufsehen erregt, wenn ein alter Mann, der gezwungen ist, auf der Straße zu leben, erfriert, während eine Baisse um zwei Punkte in der Börse Schlagzeilen macht. Das ist Ausschließung. Es ist nicht mehr zu tolerieren, dass Nahrungsmittel weggeworfen werden, während es Menschen gibt, die Hunger leiden. Das ist soziale Ungleichheit. Heute spielt sich alles nach den Kriterien der Konkurrenzfähigkeit und nach dem Gesetz des Stärkeren ab, wo der Mächtigere den Schwächeren zunichtemacht. Als Folge dieser Situation sehen sich große Massen der Bevölkerung ausgeschlossen und an den Rand gedrängt: ohne Arbeit, ohne Aussichten, ohne Ausweg. Der Mensch an sich wird wie ein Konsumgut betrachtet, das man

gebrauchen und dann wegwerfen kann … Die Ausgeschlossenen sind nicht »Ausgebeutete«, sondern Müll,
»Abfall« (EG 53).

Was Franz von Assisi in der Frühzeit der aufkommenden Geldwirtschaft in seiner eigenen Zunft der Kaufleute und Banker
in einer relativ kleinen Stadt erlebte, wird beim Papst im Stil einer moderaten Befreiungstheologie zur globalen Systemkritik:

> Solange die Probleme der Armen nicht von der Wurzel
> her gelöst werden, indem man auf die absolute Autono-
> mie der Märkte und der Finanzspekulation verzichtet … ,
> kann letztlich überhaupt kein Problem gelöst werden.
> Die Ungleichverteilung der Einkünfte ist die Wurzel der
> sozialen Übel (EG 202).
> Die Würde jedes Menschen und das Gemeinwohl sind
> Fragen, die die gesamte Wirtschaftspolitik strukturie-
> ren müssten … Wie viele Worte sind diesem System
> unbequem geworden! Es ist lästig, wenn man von Ethik
> spricht, es ist lästig, dass man von weltweiter Solidarität
> spricht, es ist lästig, wenn man von einer Verteilung der
> Güter spricht, es ist lästig, wenn man davon spricht, die
> Arbeitsplätze zu verteidigen, es ist lästig, wenn man von
> der Würde der Schwachen spricht, es ist lästig, wenn
> man von einem Gott spricht, der einen Einsatz für die
> Gerechtigkeit fordert (EG 203).

Diese deutliche Kritik am neoliberalen Vertrauen in den Markt
führt in renommierten Zeitungen weltweit zu lebhaften Diskus-
sionen. Josef Joffe schreibt in der *Zeit*: »Der Papst wünscht den
Kapitalismus zur Hölle«. In der *New York Times* verteidigt Robert
Calderisi den Papst gegen den Vorwurf, ein Marxist zu sein.[59]
In einem Gastbeitrag für den *Osservatore Romano* gibt der Erz-

bischof von München und Freising, Kardinal Marx, Schützen-hilfe: »Der Appell, über den Kapitalismus hinauszudenken, ist kein Kampf gegen die Marktwirtschaft oder eine Abkehr von jeder wirtschaftlichen Vernunft, sondern auch angesichts der realen Krise des Kapitalismus die wichtige und notwendige Intervention des Papstes, ein Aufruf, die Prioritäten neu zu ordnen und die Welt als eine Gestaltungsaufgabe zu sehen, die in Freiheit und Verantwortung übernommen werden muss.«[60]

Im Wissen um die eigenen Ressourcen, Aufgaben und Möglichkeiten der Kirche denkt *Evangelii gaudium* weiter:

> Wir dürfen nicht mehr auf die blinden Kräfte und die unsichtbare Hand des Marktes vertrauen. Das Wachstum in Gerechtigkeit erfordert etwas, das mehr ist als Wirtschaftswachstum, auch wenn es dieses voraussetzt; es verlangt Entscheidungen, Programme, Mechanismen und Prozesse, die ganz spezifisch ausgerichtet sind auf eine bessere Verteilung der Einkünfte, auf die Schaffung von Arbeitsmöglichkeiten und auf eine ganzheitliche Förderung der Armen, die mehr ist als das bloße Sozialhilfesystem (EG 204).

Göttliche Hilfestellung

Wie Franz von Assisi seine neue Sicht der Gesellschaft und sein radikal verändertes soziales Verhalten mit einer tieferen Gotteserfahrung verbindet, setzt der Papst seine Hoffnung nicht allein auf menschliche Denkkraft. Weit mehr als Wirtschaftspolitik oder eine sozialere Marktwirtschaft sind gefragt. Das menschliche Herz ist gefordert – und göttliche Inspiration kann ihm zu Hilfe kommen:

Ich bete zum Herrn, dass er uns mehr Politiker schenke, denen die Gesellschaft, das Volk, das Leben der Armen wirklich am Herzen liegt! Es ist unerlässlich, dass die Regierenden und die Finanzmacht den Blick erheben und ihre Perspektiven erweitern, dass sie dafür sorgen, dass es für alle Bürger eine würdevolle Arbeit sowie Zugang zum Bildungs- und zum Gesundheitswesen gibt. Und warum sollte man sich nicht an Gott wenden, damit er ihre Pläne inspiriert? Ich bin überzeugt, dass sich von einer Öffnung für die Transzendenz her eine neue politische und wirtschaftliche Mentalität bilden könnte, die helfen würde, die absolute Dichotomie zwischen Wirtschaft und Gemeinwohl zu überwinden (EG 205).

Die Wirtschaft müsste, wie das griechische Wort *oikonomía* – Ökonomie – sagt, die Kunst sein, eine angemessene Verwaltung des gemeinsamen Hauses zu erreichen, und dieses Haus ist die ganze Welt ...Wenn wir wirklich eine gesunde Weltwirtschaft erreichen wollen, bedarf es in dieser geschichtlichen Phase einer effizienteren Art der Interaktion, die bei voller Berücksichtigung der Souveränität der Nationen den wirtschaftlichen Wohlstand aller und nicht nur einiger Länder sichert (EG 206).

Papst Franziskus begründet wie Franz von Assisi die Dringlichkeit, sich den schwächsten Gliedern der Gesellschaft zuzuwenden, nicht einfach humanistisch als Gebot der Mitmenschlichkeit, sondern im Tiefsten mit der Option Gottes für die Armen:

Jesus ..., das Evangelium in Person, identifiziert sich speziell mit den Geringsten (vgl. Mt 25,40). Das erinnert uns daran, dass wir Christen alle berufen sind, uns um die Schwächsten der Erde zu kümmern (EG 209).

Das generelle Postulat wird – ganz in franziskanischem Sinn – im Hinblick auf aktuelle Formen von Not, sozialer Schwäche und Ausgrenzung konkretisiert. Die Sprache des Papstes erinnert an die Sozialkritik alttestamentlicher Propheten und zitiert sozial mutige Bischöfe der Antike wie den Kirchenlehrer Johannes Chrysostomus:[61]

> Es ist unerlässlich, neuen Formen von Armut und Hinfälligkeit – den Obdachlosen, den Drogenabhängigen, den Flüchtlingen, den eingeborenen Bevölkerungen, den immer mehr vereinsamten und verlassenen alten Menschen usw. – unsere Aufmerksamkeit zu widmen. … Die Migranten stellen für mich eine besondere Herausforderung dar, weil ich Hirte einer Kirche ohne Grenzen bin, die sich als Mutter aller fühlt. Darum rufe ich die Länder zu einer großherzigen Öffnung auf, die, anstatt die Zerstörung der eigenen Identität zu befürchten, fähig ist, neue kulturelle Synthesen zu schaffen … (EG 210).

> Immer hat mich die Situation derer mit Schmerz erfüllt, die Opfer der verschiedenen Formen von Menschenhandel sind …Wo ist dein Bruder, der Sklave? Wo ist der, den du jeden Tag umbringst in der kleinen illegalen Fabrik, im Netz der Prostitution, in den Kindern, die du zum Betteln gebrauchst, in dem, der heimlich arbeiten muss, weil er nicht legalisiert ist? Tun wir nicht, als sei alles in Ordnung! Es gibt viele Arten von Mittäterschaft (EG 211).

Eine besonders breite Form der Ausgrenzung kommt im Anschluss zur Sprache. »Armut ist weiblich« – dieser alarmierende Slogan durchzieht in herzloser Regelmäßigkeit alle Aufbauprogramme, Bildungsmaßnahmen und Nothilfeprojekte dieser Welt. Diese Realität wird auch von Papst Franziskus ausdrücklich wahrgenommen:

Doppelt arm sind die Frauen, die Situationen der Ausschließung, der Misshandlung und der Gewalt erleiden,
denn oft haben sie geringere Möglichkeiten, ihre Rechte
zu verteidigen (EG 212).

Bei der Audienz für neue Botschafter und Botschafterinnen
beim Heiligen Stuhl im Dezember bekräftigt er – hier im Kontext des Menschenhandels – seine Parteinahme für die »ver-
letzlichsten Mitglieder der Gesellschaft«, zu denen er als Erstes
»Frauen und Mädchen« zählt.[62] In vielen Kontexten ist es tatsächlich nach wie vor prekär, als Mädchen zur Welt zu kommen,
ist die Mitbestimmung von Frauen immer noch verschwindend
gering, ebenso wie das Einkommen oder Vermögen, über das
Frauen verfügen können. Sexuelle Belästigung, Gewalt und
Ausbeutung von Frauen und Mädchen sind auf der ganzen Welt
ein Thema. Eine Kirche, die die Armen, die »zu kurz Gekom-
menen« im Blick haben, sich von ihnen leiten und bestärken
lassen will, muss vornehmlich Partei für die weiblichen Menschen ergreifen. Papst Franziskus fordert die Kirche seit seinem
Amtsantritt auf, »an die Ränder zu gehen«. Dabei weist er immer wieder darauf hin: »Nicht nur an die geografischen Ränder: die des Mysteriums der Sünde, die des Schmerzes, die der
Ungerechtigkeit, die der Ignoranz, die der fehlenden religiösen
Praxis, die des Denkens, die jeglichen Elends.«[63] Diese Ränder
sind tatsächlich sehr verschieden. Aber sie sind vielerorts und
in vielerlei Zusammenhängen immer wieder eines – weiblich.

Die Gewissen wecken

Die prophetische Kritik des Papstes und sein leidenschaftli-
cher Aufruf zur »Option für die Armen« in all ihren Formen

findet ihr Modell ausdrücklich in einer »Revolution der zärtlichen Liebe« (EG 88)[64], die allen voran der Poverello von Assisi, seine Schwestern und seine Brüder angenommen haben: »Klein, aber stark in der Liebe Gottes wie der heilige Franziskus, sind wir als Christen alle berufen, uns der Schwäche des Volkes und der Welt, in der wir leben, anzunehmen« (EG 216). So beschränkt die eigenen Kräfte des Individuums angesichts der globalen Strukturen der Wirtschaft und ihrer gesellschaftlichen Folgen auch sein mögen – der Papst und die Heiligen beweisen durch ihr eigenes Verhalten, dass es die Herzen bewegen, die Gewissen aufrütteln und die soziale Sensibilität Tausender verändern kann.

Ein markantes Beispiel der frühen Amtszeit des Franziskus-Papstes ist die erste Reise nach Lampedusa. Die italienische Insel ist nicht nur ein Ferienparadies mit weißen Sandstränden im Mittelmeer, sondern auch Brennpunkt europäischer Asylpolitik und Schauplatz der Verzweiflung. Über diesen Stützpunkt zwischen den Kontinenten hoffen viele Menschen aus afrikanischen Ländern Zugang zu besseren Lebensbedingungen in Europa zu erlangen. In regelmäßigen Abständen ereignen sich dabei verheerende Schiffsunglücke vor der Insel, die diese Hoffnungen zunichtemachen. Wer die Insel lebend erreicht, muss unter unzumutbaren Bedingungen wochenlang ausharren und erfährt durch die rigide Flüchtlingspolitik Europas, dass den Gestrandeten keine Perspektiven eröffnet werden.

Papst Franziskus reist im Juli 2013 auf die Insel, um den Blick der Weltöffentlichkeit auf diese Tragödien zu lenken. Er reist, um sich solidarisch zu zeigen mit Menschen, die ihr Leben aufs Spiel setzen, Angehörige und Liebste verloren haben, keine sichere Heimat und keine hoffnungsvolle Zukunft kennen.

Franziskus entdeckt Gottes Zuwendung in menschlicher Nähe.
Franziskus und der Aussätzige. Holzschnitt von Bernhard Philipp 1989
© Deutsche Kapuzinerprovinz

Er reist, um sich ebenso solidarisch zu zeigen mit allen, die Menschen aufnehmen, egal, ob sie Papiere haben oder nicht, ob ihre Geschichte glaubwürdig klingt oder nicht. »Ich bin hier, um die Gewissen zu wecken«, sagt er in seiner Ansprache. Eindringlich spricht der Papst von einer »Globalisierung der Gleichgültigkeit«.[65] Diese Formulierung wird in seinem ersten programmatischen Schreiben wieder auftauchen und von da an nicht mehr zu überhören sein.[66]

Franz von Assisi unter Leprosen

Von Bruder Franz gibt es eine vergleichbare Geschichte. In ihr steckt dieselbe soziale Provokation: Menschen zu bewegen, genau hinzusehen. Geschwächt durch die immer wiederkehrenden Malariaschübe, eine chronische Bindehautentzündung und sein Milzleiden, war der Heilige nicht mehr zu Fuß unterwegs, sondern ritt auf einem Esel. Alle, die von seiner Durchreise hörten, wollten ihn sehen, wollten ihn anfassen, um der Heiligkeit, die er ausstrahlte, ganz nah zu sein. Die Stadt Borgo San Sepolcro im nördlichen Tibertal erwartete Franziskus in erregter Spannung:

> Als Franziskus eines Tages durch Borgo San Sepolcro reisen musste, ritt er auf einem Esel. Und da er in einem Aussätzigenheim rasten wollte, erfuhren viele Leute von der Durchreise des Mannes Gottes. Von allen Seiten eilten Männer und Frauen herbei, ihn zu sehen, und verlangten, ihn mit der gewohnten Ehrfurcht berühren zu dürfen. Was taten sie da nicht alles? Sie berührten ihn und zogen an ihm, und von seinem Kleid schnitten sie Stücklein ab, um sie aufzubewahren.[67]

Der so Begehrte hatte sich für seine Rast ein Heim für Aussätzige ausgesucht, ein Siechenhospiz. Die Krankheit Lepra war damals nicht heilbar und rief entsprechend heftige Reaktionen hervor. Alle, bei denen sich verdächtige Hautveränderungen zeigten, wurden sofort aus der sozialen Gemeinschaft entfernt. In einer Art Begräbniszeremonie wurden sie der Städte verwiesen und in angemessener Entfernung in Leprosenheimen untergebracht. Sie durften sich den gesunden Menschen nicht wieder nähern und mussten, wenn sie aufs Betteln angewiesen waren, ihre Anwesenheit von Ferne mit Schellen und Klappern ankündigen. Die Krankheit wurde ihnen obendrein als Strafe Gottes angelastet. Wie alle anderen hatte Franz von Assisi zu Anfang seines Lebens die Nähe dieser Kranken gescheut. Dann aber hatte er in der Begegnung mit ihnen etwas Entscheidendes gelernt. Diese Entdeckung beschreibt er in seinem Testament:

> Ich lebte zwanzig Jahre lang, als ob es Gott nicht gäbe. Damals schien es mir widerlich und bitter Aussätzige zu sehen. Doch Gott selber hat mich zu ihnen geführt, und in der Begegnung mit ihnen ist meine Liebe erwacht. Da verwandelte sich in tiefstes Glück für Leib und Seele, was mir bisher bitter erschien. Kurze Zeit nur und ich verließ die bürgerliche Welt.[68]

Franz von Assisi erlebte Gottes Zuwendung in menschlicher Nähe – und zwar dort, wo er es am wenigsten erwartete. Das veränderte ihn für immer. Im ersten Entwurf seiner Ordensregel, der sogenannten *Regula non bullata*, hält er deshalb auch strukturell an dieser Erfahrung fest: Er will, dass alle Männer, die sich seiner Gemeinschaft anschließen, eine Zeit lang in Aussätzigenheimen leben. Er möchte, dass alle sich dieser Erfahrung aussetzen, um zu begreifen, was sie an Nähe zu Jesus Christus noch lernen können.

Armut vor Ort

Indem Jorge Mario Bergoglio seine erste Reise als Papst nach Lampedusa unternimmt, veranlasst er alle Kameras dieser Welt mitzukommen. Er sorgt wie der heilige Franziskus dafür, dass Leid nicht weiter übersehen werden kann. Immer wieder zieht er auch vor Ort derartige Konsequenzen. Er besucht Asylzentren der Stadt Rom und macht sich ein persönliches Bild vom Schicksal der Migrantinnen und Migranten.[69] Er fordert halbleere römische Klöster gleichentags auf, geeignete Räume für Flüchtlinge zu öffnen.[70] Eine von der Firma geschenkte Harley-Davidson signiert der Papst und lässt sie im Februar 2014 versteigern – um den Erlös in Höhe von 250.000 Euro einer Obdachlosen-Herberge und einer Suppenküche in Rom zukommen zu lassen.[71]

In Assisi beschämt er selbst die Franziskaner, indem er sich am Festtag des heiligen Franz nicht an die Tafel der Brüder im Refektorium des Convento San Francesco setzt, sondern die Armenmensa unten in der Ebene unweit des Bahnhofs vorzieht. Immerhin essen die verlassenen Brüder mit dem Regierungschef Italiens, seinen Ministern und den Bürgermeistern Umbriens dasselbe Mittagsmahl wie die Ärmsten: Lasagne und *vitello al limone*. Dieses Menü servieren am 4. Oktober 2013 viele Hotels in Assisi, und mit den Medien der Welt denkt eine ganze Stadt beim Mittagessen an den Papst und die Ärmsten, die zwei Jahre zuvor durch ein behördliches Bettelverbot aus der Stadt des Franziskus vertrieben worden waren.[72]

Auch feierliche Momente wie die Christmette an Weihnachten, die von Fernsehanstalten in alle Welt übertragen wird, nutzt der Papst, um Gottes besondere Option für die Armen den Menschen ans Herz zu legen: Die Hirten seien damals in

Betlehem »die Ersten gewesen, die die Verkündigung von der Geburt Jesu empfangen hätten,«weil sie zu den Letzten, den Ausgegrenzten gehörten«.[73] Und immer wieder findet sich in seinen Gesten und Taten diese tiefste Motivation: Weil Gott selbst den Weg der Armut gewählt hat, um uns zu erreichen, ist die unfreiwillige Armut tatkräftig und beherzt zu bekämpfen. Die freiwillige Armut dagegen, der Verzicht zugunsten anderer, der sensible Umgang mit den Gütern dieser Erde und die Bescheidenheit als innere Freiheit ist etwas, was wir auf unserem Weg der Nachfolge Christi durchaus lernen dürfen. Denn, um es mit den Worten des Franziskus-Papstes in der Franziskus-Stadt zu sagen: »Jesus ist Gott, der seine Herrlichkeit abgelegt hat.«[74]

KAPITEL 3

»Marta und Maria« engagierte Gottesfreundschaft

Jeden Morgen feiert Papst Franziskus im Gästehaus Santa Marta die Messe mit Angestellten und Gästen des Vatikans. Seine biblischen Kurzmeditationen beziehen sich meist auf die Lesungen des Tages und werden über das Internet und den *Osservatore Romano* verbreitet.[75] So kommt es, dass Alltagsimpulse des Papstes weltweit in Abendgottesdienste und Meditationen einfließen. Dies ist nur einer der vielen Dienste, den der Petrus-Nachfolger seiner Kirche in aller Schlichtheit und täglichen Treue bietet. Der Morgenmesse folgen an Werktagen Begegnungen mit Gästen, offizielle Audienzen, die tägliche Arbeit der Kirchenleitung, weltweite Kontakte per Telefon, Social Media und Korrespondenz, Schritte zur Kurienreform, politische Verantwortung und Stellungnahmen zum Weltgeschehen, öfter auch ein öffentlicher Gottesdienst und bisweilen der Besuch eines ausgewählten Ortes in der Stadt Rom.

Marta und Maria

Der reich befrachteten Agenda gehen jeweils zwei stille Morgenstunden voraus, die der Papst ab fünf Uhr betend und meditierend verbringt. Sie münden in die Feier des Morgenmesse: Zeit für das »Leben der Maria«, bevor die viele »Aufgaben Martas« warten. Die beiden Schwestern Marta und Maria von Betanien sind in der Spiritualitätsgeschichte zu Symbolen für die beiden Dimensionen christlichen Lebens geworden: Marta steht für Engagement, Dienst und aktives Leben. Sie hat »alle Hände voll zu tun«. Maria steht für das hörende, schauende und schweigende Dasein, für Gebet und Kontemplation. »Sie setzte sich zu Füßen Jesu nieder und hörte ihm zu« (Lk 10,38–42). Schwestern können in Konflikt geraten und sind doch von ihrem Wesen her untrennbar miteinander verbunden. Zahlreiche Lehrer der Kirche seit Origenes haben deshalb dafür plädiert, die *vita activa* und die *vita contemplativa* in der Kirche als ganzer und in der eigenen Existenz schwesterlich miteinander zu verbinden.[76] Der Evangelist Lukas lässt denn auch der Perikope, in der Maria »das Bessere wählt«, das Gleichnis vom barmherzigen Samariter vorangehen, in dem der Tätige mit seinem vollen Einsatz im Sinne der Nächstenliebe als Vorbild erscheint gegenüber dem Priester und dem Leviten, die acht- und tatenlos zum Tempeldienst gehen (Lk 10,25–37).

Franz von Assisi verwendet die klassische Symbolik der beiden Schwestern Marta und Maria in seiner Zusatzregel für Brüder, die sich eine Zeitlang an einsame Orte zurückziehen.[77]

Jene, die für ein intensiveres religiöses Leben in Einsiedeleien verweilen wollen, sollen zu drei oder höchstens zu

*vier Brüdern sein. Zwei von ihnen sollen die Mütter sein
und zwei Söhne oder wenigstens einen haben. Jene beiden,
die Mütter sind, sollen das Leben der Marta führen, und
die beiden Söhne sollen das Leben der Maria führen; diese
sollen einen geschlossenen Bezirk (claustrum) haben, in
dem ein jeder seine Zelle habe, in der er bete und schlafe. ...
Die Söhne aber sollen bisweilen den Dienst der Mütter über-
nehmen, wie es ihnen gut scheint, dies abwechselnd für eine
Zeit zu regeln ...*[78]

Die Verbindung von aktiven und kontemplativen Zeiten in
einem Wechsel, »der gut erscheint«, findet Franz von Assisi
auch im Leben Jesu selbst.[79] Bewegte Zeiten als Wanderpredi-
ger wechseln sich ab mit dem nächtlichen Rückzug auf einen
Hügel oder einen Berg. Nachdem die Apostel in die Dörfer und
Städte ausgesandt worden waren, zieht der Rabbi sich mit
ihnen über den See Gennesaret an einen stillen Ort zurück.
Ein früher Beobachter der franziskanischen Bewegung sieht
1216 Brüder wie Schwestern die Tage engagiert in Städten
verbringen, um sich für die Nacht zum Gebet und zur Ruhe
zurückzuziehen: Die *fratres minores* gehen dafür »an einsame
Orte«, während die *sorores minores* stadtnahe in »Herbergen«
leben.[80]

Stadt und Stille

Im Leben des Franz von Assisi weitet sich das tägliche Pen-
deln zwischen Stille und Stadt im Laufe der Jahre zu einem
Wechsel geprägter Phasen: Intensive Monate der Wandermis-
sion durch ganz Mittelitalien wechseln sich ab mit vierzigtä-
gigen Fastenzeiten, die der Bruder nach dem Vorbild Jesu »in
eremo« (in der Zurückgezogenheit) verbringt. Wählte Jesus

dafür die Wüste, suchte Franz stille Berge mit weiten Pano-
ramablicken oder zog sich auf eine einsame Insel zurück, bisweilen allein, öfter mit wenigen Gefährten. Von Krankheiten
gezeichnet, reihte er in den letzten Lebensjahren über das
nass-kalte Winterhalbjahr die Fastenzeiten des hl. Martin (11.
November bis Weihnachten) und des hl. Benedikt (ab dem
Fest Dreikönig) sowie die vorösterliche Fastenzeit aneinander.
In der strapaziösen Sommerhitze boten die beide Einkehrzei-
ten vom Apostelfest des Petrus und Paulus (Ende Juni) bis
Mariä Himmelfahrt (Mitte August) und weiter zum Fest der
Erzengel (Ende September) Schutzräume für Kontemplation
in stiller Bergeinsamkeit. Die für ein wanderradikales Leben
klimatisch günstigen Zeiten von Ostern bis Frühsommer und
im frühen Herbst nutzte Franz von Assisi bis ins letzte Lebens-
jahr für das Apostolat. Mystische Texte des Heiligen entstehen
nicht selten in diesen stillen Intensivzeiten. Das gilt sowohl für
den Sonnengesang, die »Aufforderung zum Lobe Gottes«, wie
für den »Lobpreis Gottes« von La Verna und die Redaktion der
spirituell dichten Ordensregel von 1221.[81] Das »Gott suchend
an stillen Orten weilen«, von dem die Zusatzregel spricht, ist
in der Lebenskunst des Franz von Assisi das komplementäre
Gegenstück zum leidenschaftlichen »durch die Welt ziehen«,
das die Regel der Bruderschaft kennzeichnet.[82]

Papst Franziskus hat sich in seinem Leben als Jesuit an Ignatius von Loyola orientiert, der bereits zu Lebzeiten als »in
actione contemplativus« beschrieben worden ist: als kontem-
plativer Mensch mitten in einem aktiven Leben.[83] Auch sein
neues Amt in Rom wird ihm kaum Zeiten für wochenlangen
Rückzug in Einsiedeleien oder für dreißigtägige Exerzitien
geben. Aber manche Äußerungen des Papstes weisen auf seinen eigenen Weg hin, Marta und Maria im alltäglichen Leben

zu verbinden. Von diesem Weg zeugen auch die Kurzmeditationen, die zwischen seinen stillen Morgenstunden und der Arbeit des Tages in die tägliche Messe einfließen. Sie schöpfen betrachtend aus biblischen Quellen, die für das tägliche Leben fruchtbar gemacht werden. Am 27. November 2013 äußert sich der Papst in der Casa Santa Marta auch über das Zeitmanagement, das letztlich wie Maria den Blickkontakt zum »Herrn der Zeit« wahren muss, während wir selber nur »den Moment in unserer Hand haben«.[84]

Gebet und Engagement

In seiner »Regierungserklärung«[85] betont der Papst wiederholt die Bedeutung, die dem Gebet und der Betrachtung gerade in einem sozial und seelsorglich engagierten Leben zukommt. Franziskus erinnert zunächst an ein Wort seines Vorgängers Benedikt XVI.: »Am Anfang des Christseins steht nicht ein ethischer Entschluss oder eine große Idee, sondern die Begegnung mit einem Ereignis, mit einer Person, die unserem Leben einen neuen Horizont und damit seine entscheidende Richtung gibt« (EG 7). Deshalb sei Glaube zunächst die Erfahrung und Pflege »einer glücklichen Freundschaft« (EG 8). Wer die erfahrene Liebe Gottes weitergeben will und sich als Glaubender oder Glaubende engagiert, kann denn auch nur als liebevolle Person, durch »Erfahrung von Wahrheit und Schönheit« tief befreit (EG 9), »voller Glut« und Freude überzeugen (EG 10). Quelle des Engagements bleibt die Gottesfreundschaft. Der Papst hält aus eigener reicher Erfahrung fest:

> Jesus Christus ... überrascht uns mit seiner beständigen göttlichen Kreativität. Jedes Mal, wenn wir versuchen,

zur Quelle zurückzukehren und die ursprüngliche Frische des Evangeliums wiederzugewinnen, tauchen neue Wege, kreative Methoden, andere Ausdrucksformen, aussagekräftigere Zeichen und Worte reich an neuer Bedeutung für die Welt von heute auf. In der Tat, jedes echte missionarische Handeln ist immer »neu« (EG 11). In jeglicher Form von Evangelisierung liegt der Vorrang immer bei Gott, der uns zur Mitarbeit mit ihm gerufen und uns mit der Kraft seines Geistes angespornt hat … Im ganzen Leben der Kirche muss man immer deutlich machen, dass die Initiative bei Gott liegt, dass »er uns zuerst geliebt« hat (1 Joh 4,19) … (EG 12).

Im praktischen Teil seines Schreibens plädiert Papst Franziskus für eine »Evangelisierung mit Geist«, die Gebet und Arbeit zutiefst verbindet:

Evangelisierende mit Geist sind Verkünder des Evangeliums, die beten und arbeiten. Vom Gesichtspunkt der Evangelisierung aus nützen weder mystische Angebote ohne ein starkes soziales und missionarisches Engagement noch soziales oder pastorales Reden und Handeln ohne eine Spiritualität, die das Herz verwandelt (EG 262). Ich weiß, dass keine Motivation ausreichen wird, wenn in den Herzen nicht das Feuer des Heiligen Geistes brennt. Eine Evangelisierung mit Geist ist letztlich eine Evangelisierung mit dem Heiligen Geist, denn er ist die Seele der missionarischen Kirche. Bevor ich einige Motivationen und spirituelle Anregungen gebe, rufe ich einmal mehr den Heiligen Geist an; ich bitte ihn, zu kommen und die Kirche zu erneuern, aufzurütteln, anzutreiben, dass sie kühn aus sich herausgeht, um allen Völkern das Evangelium zu verkünden (EG 261).

Diese Gedanken münden schließlich in eines der vielen so sprechenden Bilder dieses neuen Papstes – das angesichts der Tatsache, dass ihm als jungem Mann infolge einer Lungenentzündung der rechte Lungenflügel entfernt werden musste,[86] noch einmal eindrucksvoller wird: »Die Kirche braucht dringend die Lunge des Gebets« (EG 262).

Das Schwesternpaar Mystik und Politik

Am 21. Juli 2013 legt Papst Franziskus das Tagesevangelium von Marta und Maria beim sonntäglichen Angelus für Gläubige aller Lebensformen aus. Er tut es wie ein Landpfarrer und mit einer Deutung, die Franz von Assisi aus dem Herzen spricht. Die Kernpassagen der kurzen Ansprache lauten:

> Wer sind diese beiden Frauen? Marta und Maria, die Schwestern des Lazarus, sind Verwandte und treue Jüngerinnen des Herrn, die in Betanien wohnten … Beide nehmen Jesus bei seiner Durchreise freundlich auf, doch sie tun dies auf unterschiedliche Weise. Maria setzt sich dem Herrn zu Füßen und hört zu, Marta dagegen lässt sich von den Dingen vereinnahmen, die es vorzubereiten gilt, und sie ist so beschäftigt, dass sie sich an den Herrn wendet und sagt: »Herr, kümmert es dich nicht, dass meine Schwester die ganze Arbeit mir allein überlässt? Sag ihr doch, sie soll mir helfen!« (V. 40). Und Jesus antwortet ihr, indem er sie freundlich tadelt: »Marta, Marta, du machst dir viele Sorgen und Mühen. Aber nur eines ist notwendig« (V. 41–42). Was will Jesus sagen? Vor allem ist es wichtig zu verstehen, dass es sich um keine Entgegensetzung von zwei Verhaltensweisen handelt: zwischen dem Hören auf das Wort des Herrn, der Kontemplation, und dem konkreten Dienst am Nächsten.

Es sind ... zwei Aspekte, die beide für unser christliches Leben wesentlich sind; Aspekte, die niemals getrennt werden dürfen, sondern in tiefer Einheit und Harmonie gelebt werden müssen. Warum aber wird Marta nun getadelt, wenngleich auf sanfte Weise? ... In einem Christen sind die Werke des Dienstes und der Nächstenliebe nie von der Grundquelle all unseres Handelns abgetrennt: dem Hören des Wortes des Herrn ...

Auch in unserem christlichen Leben müssen Gebet und Handeln immer zutiefst vereint sein ... Aus der Kontemplation, aus einer starken Beziehung der Freundschaft mit dem Herrn entsteht in uns das Vermögen, die Liebe Gottes, seine Barmherzigkeit, seine Zärtlichkeit gegenüber den anderen zu leben und weiterzugeben. Und auch unsere Arbeit mit dem bedürftigen Bruder, unsere Arbeit der Nächstenliebe in den Werken der Barmherzigkeit bringt uns zum Herrn, weil es der Herr ist, den wir im bedürftigen Bruder und in der bedürftigen Schwester sehen.[87]

Was soll ich tun?

Um die ausgewogene Verbindung der Maria- und der Marta-Dimension im christlichen Leben hat auch Franz von Assisi bisweilen gerungen. Als er einmal versucht war, sich ganz ins eremitische Leben zurückzuziehen – vermutlich weil ihm die Verehrung der Menschen zu viel und die Dynamik seiner Bewegung zu unübersichtlich geworden waren –, bat er einen in der Einsamkeit lebenden Bruder und Klaras Schwestern um Hilfe. Man könnte ihm dabei die leise Hoffnung unterstellen, gerade diese Menschen würden ihm die eigene, kontemplative Lebensform anraten und ihn so aus der bedrängenden Sorge um die Welt befreien. Aber beide, Bruder Silvestro und

Das biblische Schwesternpaar Maria und Marta steht für die
Verbindung von Tatkraft und Gebet im alltäglichen Leben.
Maria und Marta. Holzschnitt von Sr. M. Sigmunda May, 1974
© Kloster Sießen und VG Bild-Kunst, Bonn 2014

Schwester Klara, erinnerten Franziskus liebevoll, aber entschieden daran, dass das Leben der Apostel beide Pole kannte
und seine Berufung weiter darin bestand, die Liebe zur Stille
mit dem Weg in die Städte zu verbinden.[88]

Nicht umsonst fragt Franziskus gerade Klara und ihre Schwestern um Rat. Sie haben Erfahrung mit Stille und Kontemplation. Da religiöse Frauen nicht frei umherziehen konnten, weil
dies weder ins kirchliche noch ins gesellschaftliche Frauen-
bild des hohen Mittelalters passen wollte, hatte Klaras Gemeinschaft das Leben in einladender *stabilitas* (Bleiben an ein

und demselben Ort) gewählt: In Sichtweite zur Stadt Assisi lebten die Schwestern betend in Freundschaft mit jenen, die sie materiell unterstützten, und in Offenheit gegenüber den Bedürftigen, die an die Klosterpforte klopften.[89] Es ist der heiligen Klara oft nachgesagt worden, sie sei hinter hohen Mauern verschwunden – oder habe sich zumindest lieber im Verborgenen gehalten. Ganz sicher hat Klara sich nicht zur Schau gestellt, und doch besaß sie ein deutliches Bewusstsein dafür, dass ihre Lebensform eine Außenwirkung kannte, für die sie und die Schwestern Verantwortung zu tragen hatten. Die Dimension der Marta in ihrem Leben kennt eine eigene Färbung. In ihrem Testament schreibt sie:

> Gott selbst hat uns nämlich nicht nur für andere gleichsam als Vorbild, zum Beispiel und Spiegel hingestellt, sondern auch für unsere Schwestern, die er zu unserer Lebensform hinzuberufen wird, so dass sie selber wiederum denen, die in der Welt leben, zum Spiegel und Beispiel werden können. Da uns also der Herr zu so Großem berufen hat, dass sich in uns spiegeln können, die selbst anderen Spiegel und Beispiel sind, so müssen wir Gott ganz besonders preisen und loben und im Herrn noch mehr an Kraft zunehmen, um Gutes zu tun.[90]

Während aktiven Christinnen und Christen je eigene Versuchungen drohen, die Verbindung von »Mystik und Politik«[91] zu verlieren – der Papst nennt in *Evangelii gaudium* neben Aktivismus auch Trägheit und Pessimismus –, sind entschieden kontemplative Lebensformen ihrerseits zu Wachsamkeit aufgerufen. Immer wieder stellt sich diese Herausforderung neu. Zur Zeit Klaras waren religiöse Frauen zum Rückzug genötigt. Heute fragen sich viele Menschen: Bedeutet Rückzug in die Klausur, also in ein räumlich geschütztes Gebetsleben, nicht eine Abkehr von der Welt? Bekommen kontemplative Menschen – und noch weiter gefasst: Bekommt die Kirche »drinnen« überhaupt mit, was »draußen« vor sich geht?

Papst Franziskus ist bei seinem Assisi-Besuch Anfang Oktober 2013 auch bei den Klarissen von Santa Chiara eingeladen. Diese Schwestern leben eine für die heutige Zeit ungewohnte und nicht selten mit Kopfschütteln betrachtete Lebensform: die strenge Klausur. Sie verlassen das Kloster weder zum Beten noch zum Arbeiten, nur in ganz seltenen Fällen gehen sie außer Haus. In seiner schlichten Begrüßung bringt Franziskus mit eigenem Schalk die Bedeutung kontemplativen Lebens auf den Punkt:

> Wenn eine Schwester in der Klausur ihr ganzes Leben dem Herrn weiht, geschieht eine Umwandlung, die man nie ganz verstehen kann. Mit unserem normalen Denken würden wir meinen, dass diese Schwester isoliert ist, allein mit dem Absoluten, allein mit Gott; es ist ein Leben der Askese, der Buße. Aber das ist nicht der Weg einer katholischen Klausurschwester und nicht einmal christlich. Der Weg führt über Jesus Christus, immer! … Und auf diesem Weg geschieht das Gegenteil von dem, was man denkt, was eine asketische Klausurschwester sein wird … Die Klausurschwestern sind berufen, eine große Menschlichkeit zu haben … menschlich, alle Dinge des Lebens verstehen … Und das ist euer Weg: nicht zu spirituell! Wenn sie zu spirituell sind, dann denke ich zum Beispiel an die Gründerin eurer Konkurrentinnen, an die heilige Teresa. Wenn eine Schwester mit diesen Dingen zu ihr kam, oh … dann sagte sie zur Köchin: »Gib ihr ein Schnitzel!«[92]

Der Papst legt kontemplativen Menschen ans Herz, der Wirklichkeit in ihrem Leben und Beten Raum zu geben. Gott ist Mensch geworden, da gilt es die menschliche Wirklichkeit »in allen Dimensionen« (EG 181) ernst zu nehmen. Von der hl. Klara sind einige Worte überliefert, wie sie selbst diese Verbindung zur Wirklichkeit sah und suchte. Eine ihrer Mitschwestern berichtete, immer wenn Klara

> die Schwestern, die außerhalb des Klosters Dienst hatten, losschickte, habe sie sie daran erinnert, wenn sie schöne Bäume, Blüten und Blätter sähen, Gott zu loben. Und genauso, wenn sie Menschen oder andere Geschöpfe sähen, immer sollten sie für alle Dinge und in allen Dingen Gott loben.[93]

Wer die ignatianische Spiritualität kennt, wird spontan an das Motiv »in allen Dingen Gott finden« erinnert.[94] Wahrscheinlich ist es dem neuen Papst deshalb so vertraut, die »Herausforderungen der Welt von heute« (EG 52) nicht zu scheuen, sondern im Gegenteil, sie beherzt anzunehmen – und das, wie wir gesehen haben, durchaus programmatisch zu verstehen.

Dass die ausgewogene Verbindung von Gebet und Aktion – auch im Alltag eines Papstes – bisweilen ihre Tücken haben kann, verrät Franziskus in der letzten Interviewfrage für die großen Jesuitenzeitschriften. Angesprochen auf die von ihm persönlich bevorzugte Gebetsweise antwortet er:

> Ich bete jeden Morgen das Offizium. Ich bete gern mit den Psalmen. Dann feiere ich die Messe. Ich bete den Rosenkranz. Was ich aber vorziehe, ist die abendliche Anbetung – auch wenn ich zerstreut bin oder an anderes

denke oder sogar beim Beten einschlafe. Also abends von sieben bis acht bin ich vor dem Allerheiligsten für eine Stunde der Anbetung. Aber ich bete auch im Geist, wenn ich beim Zahnarzt warte oder bei anderen Gelegenheiten am Tag.[95]

»euer aller Bruder« geschwisterliches Menschenbild

Jene, die ihre Freude an Prunk und Pracht in der katholischen Kirche haben, so schreibt die deutsche Wochenzeitung *Die Zeit* im Dezember 2013, seien vom neuen Papst »schon einiges gewöhnt«: »Den matten Bleischmuck, als gäbe es keinen kostbaren Kirchenschatz. Die speckig-schwarze Aktentasche, als sei der Nachfolger Petri ein einfacher Angestellter. Die alten Schnürschuhe, als sei der Stellvertreter Gottes auch nur ein Mensch.«[96] Als sei der Papst auch nur ein Mensch ... Viele kleine und große Gesten zeigen, dass diese Einsicht Jorge Mario Bergoglio zutiefst beseelt: ein Mensch vor Gott zu sein und zugleich ein Mensch unter Menschen – ein Bruder unter Geschwistern.

Gemeinsam – nicht einsam

Sichtbar wird diese schlichte Selbsteinschätzung bereits an dem Wohnraum, den Bergoglio in seinem neuen Amt gewählt hat. Lange fragten sich Welt und Verantwortliche vor Ort, wann der neue Papst denn seine Gemächer im Apostoli-

schen Palast beziehen werde. Im Interview mit den Jesuitenzeitschriften wurde schließlich klar, dass er einen Umzug gar
nicht vorhat:

> Ich sehe mich nicht als einsamen Priester. Ich brauche
> Gemeinschaft. Und das wird aus der Tatsache verständ-
> lich, dass ich hier in Santa Marta wohne ... Ich habe
> mich entschieden, hier, im Zimmer 201, zu wohnen, weil
> ich, als ich die päpstliche Wohnung in Besitz nahm, in
> mir ein deutliches »Nein« spürte. Das päpstliche Appar-
> tement im Apostolischen Palast ist nicht luxuriös. Es ist
> alt, geschmackvoll eingerichtet und groß, nicht luxuriös.
> Aber letztendlich gleicht es einem umgekehrten Trichter.
> Es ist groß und geräumig, aber der Eingang ist wirklich
> schmal. Man tritt tropfenweise ein. Das ist nichts für
> mich. Ohne Menschen kann ich nicht leben. Ich muss
> mein Leben zusammen mit anderen leben.[97]

Ein Papst macht deutlich, dass er nicht die einsame Spitze der
Kirche sein möchte, sondern ein Priester, der sich unter die
Leute mischt, ein Mensch, der unter Menschen sein will, und
das nicht nur »tropfenweise«. Er will ein Papst zum Anfassen
sein. Vatikankenner beobachten: »Bei jeder Generalaudienz
umarmt Franziskus, grüßt, küsst, segnet, fasst an und lässt
sich anfassen, stundenlang. Er hat eine sehr körperliche Prä-
senz, wenn er auf Menschen trifft.«[98] Das scheint mehr als
eine persönliche Eigenart zu sein. In seiner »Programmschrift
zur Kirchenreform«[99] reflektiert der neue Papst diese Nähe
auch grundsätzlich: Die Kirche müsse »wirklich in Kontakt
mit den Familien und dem Leben des Volkes stehen« und immer danach streben, »noch näher bei den Menschen« zu sein
(EG 28).

Revolution der zärtlichen Liebe

Mit seiner eingängigen Sprache und seinen intensiven Bildern schafft Papst Franziskus – was das breite Interesse an *Evangelii gaudium* eindrucksvoll belegt – sogar sprachlich eine neue Nähe zwischen dem Heiligen Stuhl und dem übrigen Volk Gottes. Er hat keine Angst davor, »sich mit dem Schlamm der Straße zu beschmutzen« (EG 45) oder »den Geruch seiner Schafe anzunehmen« (EG 24). Solch ein päpstliches Selbstverständnis ist neu – selbst wenn höchste Würdenträger vor Franziskus es schon verspürt haben sollten. Es ist neu, weil es erst jetzt auch jenseits der Grenzen des Vatikans ankommt: Ein Papst will ein Bruder unter Geschwistern sein.

Auch wenn die deutschen Ausgaben des Apostolischen Schreibens *Evangelii gaudium* unseren Begriff der Geschwisterlichkeit nicht verwenden, so weiß der Papst doch tief um dessen Wurzel. Dies zeigt sich inhaltlich an vielen Stellen. Sprachlich ist zu bedenken, dass im Italienischen auch eine Schwesterngemeinschaft als »fraternità« bezeichnet wird und Schwestern von ihrer gemeinsamen »vita fraterna« sprechen; die Übersetzung »brüderlich« ist also nicht nur engführend, sondern geradezu falsch. Wir übersetzen daher *fraternità* im italienischen Originaltext – abweichend von der offiziellen deutschen Version – nicht engführend mit »Brüderlichkeit« und »brüderlich«, sondern – im Sinne des Verfassers – offen:[100]

> Dort liegt die wahre Heilung, da die wirklich gesund und
> nicht krank machende Weise, mit anderen in Beziehung zu
> treten, eine *mystische*, kontemplative Geschwisterlichkeit
> ist, die die heilige Größe des Nächsten zu sehen weiß; die in
> jedem Menschen Gott zu entdecken weiß (EG 92).[101]

Mit Blick auf die Heilige Schrift formuliert Papst Franziskus wenig später diesen tieferen Grund für mitmenschliche Geschwisterlichkeit noch einmal: »Das Wort Gottes lehrt uns, dass sich im Mitmenschen die kontinuierliche Fortführung der Inkarnation für jeden von uns findet« (EG 179). Gott ist Mensch geworden, das meint die theologische Rede von der Inkarnation. Sie ernst zu nehmen, bedeutet, in jedem Menschen das Göttliche zu finden, zu entdecken – mit allem, was dies an Würdigung impliziert. Und das bedeutet im franziskanischen Kontext, sich nicht zu erhöhen, sondern im Gegenteil ganz unten als jene Stufe zu wählen, auf der alle Menschen gemeinsam stehen können – weil Gott selbst hier zu finden ist. Schon Klara von Assisi staunt über diese Gotteserfahrung in ihren Briefen an die Freundin Agnes von Prag:

> Richte deine Aufmerksamkeit ... auf den Anfang dieses Spiegels [Christus] und betrachte die Armut dessen, der in eine Krippe gelegt und in Windeln gehüllt wurde. O wunderbare Demut, o Staunen erweckende Armut! Der König der Engel, der Herr des Himmels und der Erde wird in eine Krippe gelegt. In der Mitte des Spiegels betrachte die heilige Demut, die selige Armut, die unzähligen Anstrengungen und Mühen, die er um der Erlösung des Menschengeschlechtes willen auf sich genommen hat. Am Ende des Spiegels aber versenke dich schauend in die unaussprechliche Liebe, mit der er am Holz des Kreuzes leiden und an ihm auf die schimpflichste Todesart sterben wollte.[102]

Alle, denen diese Dichte mittelalterlicher Poesie fremd ist, finden in *Evangelii gaudium* mühelos einen Gegenwartstext, der einfacher, aber nicht weniger staunend von der ärmlichen Geburt und dem schlichten Leben Jesu erzählt:

Im Herzen Gottes gibt es einen so bevorzugten Platz für die Armen, dass er selbst »arm wurde« (2 Kor 8,9). Der ganze Weg unserer Erlösung ist von den Armen geprägt. Dieses Heil ist zu uns gekommen durch das »Ja« eines demütigen Mädchens aus einem kleinen, abgelegenen Dorf am Rande eines großen Imperiums. Der Retter ist in einer Krippe geboren, inmitten von Tieren, wie es bei den Kindern der Ärmsten geschah; zu seiner Darstellung im Tempel wurden zwei Turteltauben dargebracht, das Opfer derer, die sich nicht erlauben konnten, ein Lamm zu bezahlen (vgl. Lk 2,24; Lev 5,7); er ist in einem Haus einfacher Handwerker aufgewachsen und hat sich sein Brot mit seiner Hände Arbeit verdient (EG 197).

Geistliches Leben, so folgert Papst Franziskus, muss sich deshalb immer »im Risiko der konkreten Begegnung« bewähren:

Unterdessen lädt das Evangelium uns immer ein, das Risiko der Begegnung mit dem Angesicht des anderen einzugehen, mit seiner physischen Gegenwart, die uns anfragt, mit seinem Schmerz und seinen Bitten, mit seiner ansteckenden Freude in einem ständigen unmittelbar physischen Kontakt. Der echte Glaube an den Mensch gewordenen Sohn Gottes ist untrennbar von der Selbsthingabe, von der Zugehörigkeit zur Gemeinschaft, vom Dienst, von der Versöhnung mit dem Leib der anderen. Der Sohn Gottes hat uns in seiner Menschwerdung zur Revolution der zärtlichen Liebe eingeladen (EG 88).

Gast unter Gästen

Noch einmal zurück in die vergleichsweise schlichte Bleibe des neuen Papstes: In seinem Zimmer 201 im Gästehaus

Santa Marta ist Papst Franziskus Gast unter Gästen.[103] Das Neue Testament verwendet dieses Motiv, um eine Grundbefindlichkeit aller Glaubenden zu benennen: »Weil ihr Fremde und Gäste seid in dieser Welt …« (1 Petr 2,11), deshalb bleiben Menschen auf Erden pilgernd unterwegs, bis sie eine dauerhafte Heimat finden bei Gott. Franz und Klara von Assisi greifen diesen Gedanken auf. Sie lieben dieses biblische Motiv, gründen darauf ihre Spiritualität und verbinden damit eine große Freiheit: Gäste kommen – wenn überhaupt – mit Handgepäck und bleiben angewiesen auf die Freundlichkeit, die Begegnung und die Hilfe anderer. Sie sind also genau das, was die Brüder um Franz und die Schwestern um Klara sein wollen: arm und freundlich, mittellos, demütig – und frei. Das Pilgermotiv findet denn auch in ihrer jeweiligen Ordensregel Platz:

> *Und gleichwie Gäste und Pilger (Pilgerinnen) in dieser Welt, die dem Herrn in Armut und Demut dienen, mögen sie [die Brüder und Schwestern] voll Vertrauen um Almosen bitten gehen (schicken) und sollen sich dabei nicht schämen, weil der Herr sich für uns in dieser Welt arm gemacht hat. Dies ist jene Größe der höchsten Armut, die euch, meine über alles geliebten Brüder (liebsten Schwestern), zu Erben und Königen (Erbinnen und Königinnen) des Himmelreiches eingesetzt, arm an Dingen, aber reich an Leben.*[104]

Pilgernd und arm sollen wir also der Welt begegnen. Der Grund dafür liegt nicht in einer negativen Weltsicht, sondern in Gottes Art der Weltbejahung. Diese Einsicht findet sich in *Evangelii gaudium* und noch einmal neu in der ersten Weihnachtspredigt des Papstes – ebenso wie in den Schriften und

Ordensregeln der beiden Heiligen aus dem 13. Jahrhundert: Gott selbst ist der Welt arm und ungeschützt begegnet. Er kam zur Welt als wehrloses Kind in einer Futterkrippe, er lebte in der Welt als schlichter Mensch und starb nackt und machtlos am Kreuz.[105] Deshalb geht es bei der christlicher Pilgerexistenz weder um eine Geringachtung der Welt noch um Resignation, die bessere Zeiten im Himmel erwartet. Es geht um die Freiheit, mit der Jesus Christus der Welt begegnet; in ihr gilt es, dem Leben Fülle zu geben, und nicht, es zu verneinen. Diese Fülle, schon im Hier und Jetzt zugesagt (Joh 10,10), hat nach den Evangelien geschwisterliche Züge:

> Da sagte Petrus zu ihm: Du weißt, wir haben alles verlassen und sind dir nachgefolgt. Jesus antwortete: Amen, ich sage euch: Jeder, der um meinetwillen und um des Evangeliums willen Haus oder Brüder, Schwestern, Mutter, Vater, Kinder oder Äcker verlassen hat, wird das Hundertfache dafür empfangen: Jetzt in dieser Zeit wird er Häuser, Brüder, Schwestern, Mütter, Kinder und Äcker erhalten, wenn auch unter Verfolgungen, und in der kommenden Welt das ewige Leben (Mk 10,28–30).

Das Jesuswort spricht vom Verlassen der Väter und von einer neuen Geschwisterlichkeit. Franz von Assisi hört diese Aufforderung und Zusage überaus wach. Nach der väterlich-meisterlichen Spiritualität der benediktinischen Ära (8.–12. Jahrhundert) bricht die franziskanische Bewegung nicht nur pilgernd aus der klösterlichen *stabilitas* aus, sondern auch geschwisterlich aus einer patriarchalen Gesellschaft und Kirche.

Ein Vater und viele Geschwister

Päpste wählen programmatische Namen. Joseph Ratzinger überraschte mit dem Mönchsvater Benedikt von Nursia, Jorge Mario Bergoglio mit dem Novum, sich vom Poverello aus Assisi leiten zu lassen. Benedikt XVI. präsentierte sich in monarchischer Pracht als »kleiner Diener im Weinberg des Herrn«,[106] Franziskus in einer Schlichtheit, die neben dem Purpur der Kardinäle auffällt. Doch nicht nur Name und Schlichtheit setzten schon am Abend der Wahl Zeichen. Zehntausende auf dem Petersplatz hatten den neuen »Heiligen Vater« erwartet, und dieser betet als Erstes mit dem Gottesvolk ein gemeinsames Vaterunser. Danach spricht der neue »Bischof von Rom« vom geschwisterlichen Weg, auf den er seine Diözese und die ganze Kirche einlädt. »Einer ist euer Vater, der im Himmel, ihr alle aber seid Geschwister«, hat Jesus seine Jüngerinnen und Jünger gelehrt (Mt 23,9).

Wie sehr Franz von Assisi jede väterliche Autorität in Kirche und Orden ablehnt, zeigt die Wortstatistik seiner Schriften: 100-mal kommt das Wort »Vater« darin vor. 97-mal bezieht es sich auf Gott Vater, dreimal auf irdische Väter, die es loszulassen gilt in der Nachfolge Jesu.[107] Die Wende vom meisterlichen Mönchsvater Benedikt zur franziskanischen Geschwisterlichkeit wird in aller Dichte greifbar, wo Franz von Assisi den berühmten Regelprolog Benedikts im Brief an seinen eigenen Orden modifiziert:

Benediktsregel:	Franziskus an den Orden:
Höre,	Hört, ihr Söhne Gottes
mein Sohn,	und meine Brüder,
auf die Lehren	und vernehmt mit euren Ohren
des Meisters	meine Worte.
und neige das Ohr	Neigt das Ohr eures Herzens
deines Herzens.	und gehorcht der Stimme des
	Sohnes Gottes.
Nimm die Mahnung des	Bewahrt seine Gebote
gütigen Vaters willig an	in eurem ganzen Herzen
und erfülle sie	und erfüllt seine Räte
in der Tat.	in vollkommener Gesinnung.

Der Mönchsvater und spirituelle Meister sprach zum jungen »Sohn«, dem er in der folgenden Regel seine Vorschriften und Weisungen (*praecepta magistri*) unterbreitet. Franziskus jedoch verwies seine »Brüder« als »Söhne Gottes« entschieden auf die »Stimme des Gottessohnes« und dessen »Gebote und Räte«, d. h. auf das Evangelium. Benedikt XVI. erweist sich in der Spur seines Vorbildes als väterliche Gestalt und großer Lehrer, der brillante Bücher schreibt, mahnt und Weisungen gibt. Papst Franziskus legt Macht- und Würdezeichen ab, begibt sich auf Augenhöhe zu den Menschen und spricht durch Begegnungen, berührende Zeichen und konkrete Taten. Hat Dante damals das Kommen des Franziskus mit einem neuen Sonnenaufgang verglichen, spricht die größte Zeitung Italiens Ende 2013 von einem unerwarteten Frühling, der seit März in der katholischen Kirche angebrochen sei.[108]

Universale Geschwisterlichkeit

Tatsächlich beschränkte sich die Brüderlichkeit bei Franz von Assisi nicht auf seinen Orden. Seine *fraternitas* öffnete sich zunächst – ab 1211 – für Frauen.[109] Durch den engagierten Einsatz der jungen Klara lernte der Poverello in den Schwestern »Töchter des himmlischen Vaters, Geliebte des Heiligen Geistes« und Jüngerinnen Jesu Christi zu sehen, die wie er und seine Brüder »das Evangelium nach Art der Apostel leben«.[110] Das Klischee schutzbefohlener Töchter und unmündiger Frauen durchbrach diese Gemeinschaft erst den Brüdern und später auch der Kirchenleitung gegenüber. So konnte Klara als erste Frau in der Kirchengeschichte eine Ordensregel eigens für Frauen verfassen – und kurz vor ihrem Tod auch anerkannt bekommen.[111]

Um 1220 öffneten sich die franziskanisch-klarianischen Kreise weiter, indem Franz sich an alle Gläubigen wandte, die er in dieselbe Gotteskindschaft, Gottesfreundschaft und Gottesmutterschaft gerufen sah:

> Alle, die Gott lieben aus ganzem Herzen, aus ganzer Seele und ganzem Sinnen, aus ganzer Kraft, und die ihre Nächsten lieben wie sich selbst ... O wie selig und gesegnet sind jene Männer und Frauen, die solches beständig tun, denn auf ihnen wird der Geist des Herrn ruhen, und er wird sich bei ihnen eine Wohnung und Bleibe schaffen, und sie sind Söhne und Töchter des himmlischen Vaters, dessen Werke sie tun, und sie sind Geliebte, Geschwister und Mütter unseres Herrn Jesus Christus. Geliebte sind wir, wenn die gläubige Seele durch den Heiligen Geist unserem Herrn Jesus Christus verbunden wird. Geschwister sind wir ihm, wenn wir den Willen des Vaters tun, der im Himmel ist;

Mütter sind wir, wenn wir ihn durch die göttliche Liebe und
ein reines und lauteres Gewissen in unserem Herzen und
Leibe tragen; wir gebären ihn durch ein heiliges Wirken,
das anderen als Vorbild leuchten soll.[112]

Die hier skizzierte Geschwisterlichkeit gründet in der Gottes-
beziehung jedes Menschen unabhängig von seiner Lebensweise und Aufgabe in der Kirche. Jede und jeder wird respektvoll
als Tochter und Sohn des Vaters gesehen, als Wohnung des
göttlichen Geistes ernst genommen und als Geliebter, Freund,
Schwester, Bruder und Mutter Jesu angesprochen. In der Ordensregel weitete Franz von Assisi seine Sicht und verwies
seine Brüder an »alle Nationen und alle Menschen, wo auch
immer auf Erden«, die »Gott dienen«: Das brüderliche Wirken
sollte dazu beitragen, dass alle Menschen Gott gemeinsam
lieben.[113] Und in Rundschreiben aus seinen letzten Lebensjahren wandte Franz sich sogar »als kleiner Bruder« an alle Menschen »auf der ganzen Welt«, um sie nach dem Beispiel der
Muslime zum Gotteslob mitten im Alltag aufzurufen.[114]

Papst Franziskus lebt Geschwisterlichkeit in seinen Begegnungen und unterstreicht sie in seinen Darlegungen. Dem
Studenten, den er in Padua überraschend anruft, bietet er als
Erstes das vertrauliche Du an, »weil sich ja auch die Jünger
Jesu geduzt hätten«. Der Agnostiker Scalfari erlebt den Dia-
logpartner freundschaftlich, und Vertreter anderer Kirchen
sind begeistert über die Begegnung »unter Brüdern«.[115] Geschwisterlichkeit zieht sich auch als roter Faden durch die
»Regierungserklärung« des Papstes, wie die folgenden Passa-
gen aus *Evangelii gaudium* zeigen: »Der Heilige sät« durch die
Taufe und begründet im Volk Gottes »geschwisterliche Solidarität in vielerlei Weise« (EG 68). Wie Franz von Assisi weitet

der Papst Geschwisterlichkeit auf alle Menschen aus, indem er Visionen Jesajas vom Weg aller Völker zum Berg Gottes und zum großen Fest anklingen lässt:

> Heute, da die Netze und die Mittel menschlicher Kommunikation unglaubliche Entwicklungen erreicht haben, spüren wir die Herausforderung, die »Mystik« zu entdecken und weiterzugeben, die darin liegt, zusammen zu leben, uns unter die anderen zu mischen, einander zu begegnen, uns in den Armen zu halten, uns anzulehnen, teilzuhaben an dieser etwas chaotischen Menge, die sich in eine wahre Erfahrung von Geschwisterlichkeit verwandeln kann, in eine solidarische Karawane, in eine heilige Wallfahrt (EG 87).

Lehrer echter Geschwisterlichkeit ist Jesus Christus (EG 91). »Eine mystische, kontemplative Geschwisterlichkeit« weiß »die heilige Größe des Nächsten zu sehen« und sucht »das Glück der anderen ..., wie es ihr guter himmlischer Vater sucht« (EG 92). Was für menschliche Beziehungen insgesamt gilt, muss christliche Glaubensgemeinschaft umso deutlicher auszeichnen:

> Die Christen aller Gemeinschaften der Welt möchte ich besonders um ein Zeugnis geschwisterlichen Miteinanders bitten, das anziehend und erhellend wird. Damit alle bewundern können, wie ihr euch umeinander kümmert, wie ihr euch gegenseitig ermutigt und wie ihr einander begleitet: »Daran werden alle erkennen, dass ihr meine Jünger seid: wenn ihr einander liebt« (Joh 13,35) (EG 99).

Gottes- und Menschenliebe

Prediger sollen gerade diese Haltung der Geschwisterlichkeit in der Praxis der Menschen konkretisieren (EG 155) und aufzeigen, wie »das Evangelium der Geschwisterlichkeit und der Gerechtigkeit zu leben« ist (EG 179). Das Wort Gottes lehre, dass im mitmenschlichen Leben Christus selbst gegenwärtig bleibt, sage der Herr doch: »Was ihr für meine geringsten Geschwister getan habt, das habt ihr mir getan« (Mt 25,40). Das Reich Gottes will Gottes Liebe so erfahrbar machen, dass »das Gesellschaftsleben für alle ein Raum der Geschwisterlichkeit, der Gerechtigkeit, des Friedens und der Würde« werden kann (EG 180). Der Papst erinnert dazu im praktischen Teil an die christliche Soziallehre und ihre Prinzipien, deren Ziel es ist, »mit dem Aufbau eines Volkes in Frieden, Gerechtigkeit und Geschwisterlichkeit fortzuschreiten«: Menschenwürde, Gemeinwohl, Subsidiarität und Solidarität (EG 221). Er sieht die menschliche Bestimmung im Doppelgebot der Gottes- und Nächstenliebe, das er christlich wie folgt formuliert: »Wir alle wurden für das erschaffen, was das Evangelium uns anbietet: die Freundschaft mit Jesus und die geschwisterliche Liebe« (EG 265).

Franz von Assisi versteht denn auch Gehorsam sowohl zwischenmenschlich wie in der Kirche als ein geschwisterliches Aufeinanderhören. Verantwortliche haben ihre Sorge einfühlsam und mütterlich wahrzunehmen. Diese sensible Verwiesenheit aufeinander erfordert in institutionellen Strukturen eine *oboedientia caritativa*, liebenden Gehorsam. Damit hebt sich Bruder Franz ab vom »kindlichen Gehorsam« (*oboedientia filialis*), wie ihn die Benediktsregel von den »Söhnen« fordert und ihn die Kirchenhierarchie lange Zeit gelehrt hat.[116]
Die Geschwisterlichkeit verbiete es auch, ermahnte der Poverello

seine Brüder, sich urteilend über andere zu erheben.[117] Der Papst beeindruckt Homosexuelle derart mit seiner respektvollen Verzicht darauf, »über Menschen, die Gott suchen, zu urteilen«, dass ihn im Dezember 2013 nach dem *Time Magazine* auch eine amerikanische Schwulenzeitschrift zur »Person des Jahres« ernennt.[118] Sie setzt ihm dazu das Tattoo NO H8 auf die rechte Wange: »No hate« – kein Hass. Papst Franziskus mahnt ganz im Sinne des Franz von Assisi, in jedem Menschen immer die Söhne und Töchter Gottes zu sehen. Denn, sagt der Papst im sonntäglichen Angelus vom 3. November 2013 mit Blick auf den verhassten Zöllner Zachäus, »keine Sünde und kein Verbrechen kann in Gottes Herzen die Erinnerung an eines seiner Kinder auslöschen«. Gott lasse als liebender Vater »keines seiner Geschöpfe« fallen.[119]

Frauen in der Kirche

Die in der katholischen Kirche so gewichtige Brüderlichkeit – auch und gerade als Geschwisterlichkeit – kennt eine ganz besondere Nagelprobe: die Schwestern. Die Kirche muss sich fragen lassen: Wo sind die Frauen? Mittendrin, dazugehörig, genauso viel oder genauso wenig Teil der Kirche wie Männer? Im Interview mit der Zeitschrift *Civiltà cattolica* sagt Papst Franziskus: »Die Frauen stellen tiefe Fragen, denen wir uns stellen müssen.«[120] In seinem Apostolischen Schreiben *Evangelii Gaudium* bekräftigt er:

> Die Beanspruchung der legitimen Rechte der Frauen aufgrund der festen Überzeugung, dass Männer und Frauen die gleiche Würde besitzen, stellt die Kirche vor tiefe Fragen, die sie herausfordern und die nicht oberflächlich umgangen werden können (EG 104).

Die Frauenfrage gehört weiterhin – und besonders innerhalb der katholischen Kirche – zu den großen Fragen der Zeit. Erstmals hatte sie das Zweite Vatikanum ausdrücklich auf die Agenda gesetzt, allerdings noch ohne nennenswerte Beteiligung von Frauen selbst am Konzil. Theologinnen, die mutig nachfragten, ob auch Frauen zu den Beratungen eingeladen würden, wurden auf »ein mögliches Drittes Vatikanisches Konzil vertröstet«.[121] Anfang der Sechzigerjahre war es noch unproblematisch, ausschließlich unter Männern über die Erneuerung der ganzen Kirche nachzudenken. Doch obwohl eine offizielle weibliche Teilnahme beim Konzil nicht vorgesehen war, haben Frauen im Verlaufe der Konzilsjahre wachsenden Anteil am Geschehen genommen – in den Konzilssekretariaten, als Journalistinnen, Gastgeberinnen, Besucherinnen und ab 1964 auch als Laienauditorinnen.[122]

Johannes XXIII. vollzog mit der Enzyklika *Pacem in terris* (1963) die Wende hin zur Anerkennung der grundsätzlichen Gleichwertigkeit und Gleichberechtigung aller Menschen. Das Konzil selbst unterstrich kurz darauf die gemeinsame Würde und »grundlegende Gleichheit aller Menschen« aufgrund ihrer gemeinsamen Gotteskindschaft. Deshalb müsse »jede Form einer Diskriminierung in den gesellschaftlichen und kulturellen Grundrechten der Person, sei es wegen des Geschlechts oder der Rasse, der Farbe, der gesellschaftlichen Stellung, der Sprache oder der Religion ... überwunden und beseitigt werden, da sie dem Plan Gottes widerspricht«.[123] Das Dekret über das »Apostolat der Laien«, so berichtet eine der beiden deutschen Konzilsauditorinnen, erhielt auf Anregung von Frauen hin die Ergänzung: »Da heute die Frauen eine immer aktivere Funktion im ganzen Leben der Gesellschaft ausüben, ist es von großer Wichtigkeit, dass sie auch an den verschiedenen Bereichen des Apostolates der Kirche wachsenden Anteil nehmen.«[124]

Weiblicher Genius?

Papst Franziskus geht fünfzig Jahre später mutig ein Stück weiter. Er betont die Notwendigkeit der Leitungsverantwortung und Mitbestimmung von Frauen bei wichtigen Entscheidungsprozessen in der Kirche:

> Der weibliche Genius ist nötig an den Stellen, wo wichtige Entscheidungen getroffen werden. Die Herausforderung heute ist: reflektieren über den spezifischen Platz der Frau gerade auch dort, wo in den verschiedenen Bereichen der Kirche Autorität ausgeübt wird.[125]

Noch ohne klar zu erläutern, was er unter diesem »weiblichen Genius« versteht, skizziert der Papst neue Spielräume – und eröffnet damit eine neue Ebene für den drängenden Diskurs: Er spricht von Autorität und Verantwortung, die geteilt werden muss.

Ende November 2013 nimmt der Papst die Frauenfrage in *Evangelii gaudium* gewissermaßen offiziell als Herausforderung an. Er zitiert aus dem Kompendium der Soziallehre der Kirche, das der Päpstliche Rat für Gerechtigkeit und Frieden verfasst hat: »Das weibliche Talent ist unentbehrlich in allen Ausdrucksformen des Gesellschaftslebens; aus diesem Grund muss die Gegenwart der Frauen auch im Bereich der Arbeit garantiert werden« – und ergänzt die Ausführungen um einen ganz entscheidenden Punkt – »und an den verschiedenen

Stellen, wo wichtige Entscheidungen getroffen werden, in der Kirche ebenso wie in den sozialen Strukturen.«[126]

Was mit weiblichen Entscheidungsträgern nicht gemeint sein kann, stellt er im Anschluss klar:

> Das den Männern vorbehaltene Priestertum als Zeichen Christi, des Bräutigams, der sich in der Eucharistie hingibt, ist eine Frage, die nicht zur Diskussion steht, kann aber Anlass zu besonderen Konflikten geben, wenn die sakramentale Vollmacht zu sehr mit der Macht verwechselt wird (EG 104).

Bei aller Enttäuschung, die diese Antwort auslösen kann, sollte nicht überlesen werden, was Papst Franziskus an dieser Stelle ausdrücklich ins Wort nimmt: Sakramentale Vollmacht darf nicht – oder zumindest nicht »zu sehr« – mit Macht gleichgesetzt werden. Hier trifft er den dunklen Kern des Problems: die Frage nach Macht und Machtmissbrauch im Amt. Damit ist die Diskussion keineswegs zu Ende, sondern im Gegenteil, sie ist erst eröffnet: »Es wäre«, bemerkt die deutsche Dogmatikerin Johanna Rahner bereits im Herbst 2013, »eine theologisch delikate Aufgabe, weibliche Leitungsvollmacht klar vom Priesteramt zu trennen. Vielleicht gelingt es.«[127]

Es mag sein, wie Karl Kardinal Lehmann in einem Interview mit der KNA nach seinen Besuch beim Papst am 18. Januar 2014 erklärt, dass »bestimmte Reformer sich noch wundern [werden]. Denn manches, was uns in Deutschland wichtig erscheint, ist es für ihn [Franziskus] nicht. Er lässt keinen Zweifel daran, dass die Frau eine viel bessere Rolle in der Kirche spielen kann und soll. Aber Priesteramt oder Diakonat der

Frau sind für ihn dabei nicht die wichtigsten Anliegen.«[128] Tatsächlich hat die deutsche Bischofkonferenz während der Vakanz des Heiligen Stuhles am 21. Februar 2013 in ihrer Erklärung zum Abschluss des Studientages »Über das Zusammenwirken von Frauen und Männern in der Kirche« deutlich gemacht »was uns in Deutschland wichtig erscheint«: »Unser Wunsch ist es, dass sich noch mehr Frauen als bisher verantwortlich mit ihren Charismen und Kompetenzen in die Kirche und ihre Sendung einbringen können.«[129] Dieser Beitrag der deutschen Ortskirche muss nicht in Konkurrenz zum neuen päpstlichen Denken, sondern als eine Bereicherung gelesen werden: Der »weibliche Genius« – auch und gerade in Leitung und Verantwortung – ist noch lange nicht ausgeschöpft.

Dass Papst Franziskus es ernst meint mit seinem Bemühen, Frauen in Entscheidungsprozesse einzubeziehen, macht »seine revolutionärste Erfindung«[130] deutlich: ein Beratergremium von Finanzexperten und -expertinnen, das Licht in die Finanzgeschäfte und pekuniären Verstrickungen des Vatikans bringen soll. Diesem Gremium gehört als Kommunikationsspezialistin auch Francesca Chaouqui, eine junge Italienerin, an. Ein erster sichtbarer und vermutlich auch wirkungsvoller Schritt, die vielfältigen Kompetenzen und Erfahrungen von Frauen konkret zu nutzen. Doch sicher hat es die katholische Kirche am schwersten mit den Frauen in den eigenen Reihen. Denn tatsächlich tun sich die Spielräume eher in nicht-religiösen Feldern auf: Frauen als Ärztinnen, Juristinnen oder eben Kommunikationsspezialistinnen zu akzeptieren fällt immer noch leichter, als ihre theologische, spirituelle und pastorale Kompetenz anzuerkennen.

In marianischem Zusammenhang findet sich der vielleicht stärkste Satz des neuen Papstes in Sachen Frauen: »Dem Herrn gefällt es nicht, dass in seiner Kirche das weibliche Bild fehlt« (EG 285). Eine der ersten Möglichkeiten, die die Kirche hat und die Papst Franziskus gerne und oft aufnimmt, ist dabei, auf Maria von Nazaret zurückzugreifen.[131] Es finden sich in *Evangelii gaudium* aber noch weitere Empfehlungen: beispielsweise die, der Frauenfrage im Hinblick auf die Armutsfrage Priorität zu geben – also die Ungeschütztheit von Frauen in vielen Bereichen zu thematisieren. Eine weitere Möglichkeit wird sein, mit einem Seitenblick auf die zivile Gesellschaft zu lernen, wie sehr die Frauen in der katholischen Kirche weiterhin unterschätzt werden. Wo der Papst Potential für gemeinsame Bemühungen von Staat und Kirche sieht, sind auch Lernprozesse in eigener Sache möglich:

> Im Dialog mit dem Staat und der Gesellschaft verfügt die Kirche nicht über Lösungen für alle Detailfragen. Dennoch begleitet sie gemeinsam mit den verschiedenen gesellschaftlichen Kräften die Vorschläge, die der Würde der Person und dem Gemeinwohl am besten entsprechen können. Dabei weist sie stets mit aller Klarheit auf die Grundwerte des menschlichen Lebens hin, um Überzeugungen zu vermitteln, die dann in politisches Handeln umgesetzt werden können (EG 241).

Franz unterstützt Klaras Berufung

Um gerade an dieser Stelle voranzukommen, ist es von Bedeutung, wie die deutschen Bischöfe formulieren, die Charismen von Frauen zu schätzen – und nicht vorschnell darüber zu urteilen, wie diese Charismen gestaltet sein können. Dafür, dass hinter diesem Anliegen mehr als ein harmloses Ansinnen steckt, steht die Gestalt der hl. Klara. Ihre frei gewählte Armut ist weit mehr als ein spirituelles Projekt. Die von ihren Schwestern frei gewählte Armut hat eine doppelte politische Dimension: Sie steht für die provozierende Alternative zu einer reichen Kirche und Gesellschaft, und sie steht für eine mutige weibliche Grenzüberschreitung.

Die junge Klara wollte radikal arm leben. Wie Franz hatte sie erkannt, dass ihr die Nachfolge des armen Christus in Samt und Seide nicht möglich war. Der Ausstieg war für ein junges adeliges Mädchen des 13. Jahrhunderts erwartungsgemäß nicht einfach. Klara war die älteste von drei Töchtern einer einflussreichen Adelsfamilie der Stadt und insofern ein wertvolles Pfand im Spiel um Einfluss und Macht. Gelang es, sie vorteilhaft zu verheiraten, profitierte davon ein ganzer Clan. Weder in der Kirche noch in der Gesellschaft waren damals eigene Pläne für junge Frauen vorgesehen. Klara brauchte deshalb – anders als Franz – Verbündete. Dass ihre leibliche Schwester und vermutlich auch schon andere Frauen aus ihrer Verwandtschaft mit ihren Gedanken sympathisierten, wurde später wichtig, war an dieser Stelle aber noch nicht ausschlaggebend. Vorerst brauchte sie männliche Unterstützung, um ihren Weg zu finden: Immerhin wollte sie weder Ehefrau noch eine angesehene Nonne werden, sondern auf neue Weise arm dem armen Christus nachfolgen.

Es war bemerkenswert, dass sich Klara ausgerechnet Franz als Unterstützer wählte. In der Stadt gab es einen wohlwollenden Bischof, Guido I., der als geistlicher Begleiter und Beichtvater sicher in Betracht gekommen wäre. Doch Klara ging auf Franz zu. Dieser zeigte sich anfangs sehr verhalten, was den Anschluss von Frauen an seine Bewegung anging. Das konnte man ihm keineswegs übel nehmen: Es war Anfang des 13.

Jahrhunderts ein schwieriges Unterfangen, im religiösen Kontext ein geschlechterübergreifendes Experiment zu wagen. Zu viele Gruppierungen, in denen Männer und Frauen zusammenlebten, hatten den Argwohn der verfassten Kirche auf sich gezogen. Es ist also durchaus als ein erster Akt der Eigenständigkeit zu werten, dass sich Klara ihren geistlichen Weggefährten selbst suchte und dass ihre Wahl dabei auf einen fiel, der weder mit offenen Armen dastand noch etwas vorzuweisen hatte. Um das Jahr 1210 war Franziskus – zumindest in seiner Heimatstadt – immer noch ein davongelaufener Träumer ohne jede Weihe, der in Rom gerade mal die mündliche Anerkennung seiner Bruderschaft und die Erlaubnis zur wandernden Bußpredigt »ad experimentum« bekommen hatte. Sich nicht auf die Seite der Macht zu schlagen wird für Klara wie für Franziskus immer ein Kennzeichen ihrer Spiritualität bleiben.

Es zeichnet Bruder Franz aus, dass er sich auf Klaras Berufung eingelassen hat. Gegen Ende ihres Lebens schrieb sie in ihrem Testament allerdings von einem Prozess, den der Heilige zunächst durchlaufen musste:

> *Da aber der heilige Franziskus bemerkte, dass wir körperlich nicht stark und kräftig waren und trotzdem vor keiner Not und Armut, nicht vor Anstrengungen und Schwierigkeiten zurückschreckten noch die Geringschätzung und Verachtung von Seiten der Welt scheuten, sondern im Gegenteil diese Dinge nach dem Beispiel der Heiligen und seiner Brüder für eine große Wonne hielten – wovon er sich oftmals überzeugen konnte –, da freute er sich sehr im Herrn. Deswegen von herzlicher Zuneigung zu uns bewegt, verpflichtete er sich, in eigner Person wie auch durch seinen Orden, immer für uns liebevolle Sorge und besondere Aufmerksamkeit zu hegen, genauso wie für seine Brüder.*[132]

Klara steht mit zwei Schwestern inmitten weiblicher Geschöpfe des Sonnengesangs: „sora luna e le stelle" (die Schwestern Mond und Sterne), „sora aqua" (Schwester Wasser) und „sora nostra matre terra" (unsere Schwester Mutter Erde) mit ihren Blumen und Kräutern. Franziskus und zwei brüderliche Gefährten stehen im Licht von „frate sole" (Bruder Sonne), während „frate vento" (Bruder Wind und Luft) in den Bäumen spielen und „frate focu" (Bruder Feuer) zu ihren Füßen munter flackert.
Moderne Glasfenster in der Kapelle San Damiano, Assisi
© Provincia Serafica dei Frati Minori

Trotz des wichtigen Freundes, der nach seiner Heiligsprechung 1228 sogar zum großen Verbündeten im Himmel avancierte, musste Klara um ihre Berufung zur radikalen, gemeinschaftlichen Armut ein Leben lang kämpfen. Sie ist, wie schon erwähnt, die Erste in der Geschichte der Kirche, die eine Ordensregel eigens für Frauen schreibt. In diesem innovativen

Akt steckt die klare Einsicht, dass Berufungen strukturelle Möglichkeiten brauchen.

Der eine Geist in allen Geschwistern

Das Ringen um die Freiheit und Originalität der kleinen Frauenkirche von San Damiano war verschiedenen Gefährdungen vonseiten der Amtskirche ausgesetzt. Dramatisch wurde eine direkte Begegnung zwischen Klaras Schwestern und dem neuen Papst Gregor IX. im Sommer 1228. Die radikale Armut dieser geistlichen Frauen war ihm, dem früheren Kardinal Ugo, ein Dorn im Auge. Er fühlte sich verantwortlich für die ihm anvertrauten geistlichen Töchter und wollte wie ein *pater familias* ihre Versorgung sicherstellen. Außerdem hatte er mit der neuen Frauenbewegung ehrgeizige Pläne: Seit 1219 suchte er mit einer eigens verfassten Regel eine wachsende Zahl neuer Frauengemeinschaften zu sammeln und zu vereinheitlichen. Das Bestreben Gregors IX., einen päpstlichen Frauenorden zu gründen und zu strenger Klausur zu verpflichten,[133] führte zur Konfrontation zwischen dem Papst und der Heiligen. Klaras Biograf schildert den Zusammenstoß im Juli 1228 wie folgt:

> *Als Papst Gregor ihr zuredete, sie solle wegen der unsicheren Zeitgeschicke und der irdischen Gefahren ihre Zustimmung geben, einige Besitzungen zu haben, die er ihr selbst freigebig anbot, widerstand sie mit unerschrockenem Mut und ließ sich nicht im Geringsten dazu herbei. Da antwortete ihr der Papst: »Wenn du wegen des Gelübdes fürchtest, so entbinden Wir dich davon.« Sie aber sprach: »Heiliger Vater, auf gar keine Weise begehre ich in Ewigkeit von der Nachfolge Christi befreit zu werden.«[134]*

Klaras Unerschrockenheit und Klarheit müssen den Papst beeindruckt haben. Zumindest erzählen die Quellen, dass er ihr Wochen später entgegenkam und ihre eigenständige Berufung zur Nachfolge Jesu bestätigte: Gregor IX. erneuerte das »Privileg der Armut«, eine päpstliche Garantie, dass die Schwestern »von niemandem gezwungen werden« konnten, »Besitz und Güter anzunehmen«.[135]

Klara hielt bis zur Anerkennung ihrer Regel an der armen Nachfolge des armen Christus fest. Zugleich verteidigte sie ihr Bündnis mit den Brüdern des Franz. In San Damiano und in den Gemeinschaften der Armen Schwestern sollten immer vier Brüder leben, die die Frauen unterstützten. Franz von Assisi unterstreicht die Eigenständigkeit und das Zusammenspiel von Schwestern und Brüdern, wenn er beiden dieselbe Würde und dieselbe göttliche Inspiration zuschreibt:

> *Als der Heilige erkannt hatte, dass die Schwestern, durch viele Beweise höchster Vollkommenheit erprobt, bereit seien, für Christus ... jede Mühsal zu erdulden ..., da versprach er ihnen und allen anderen, die die Armut in ähnlicher Weise geloben, fest für immer seinen und seiner Brüder Schutz und Rat. Dies hielt er stets getreulich, solange er lebte, und als er dem Tod sehr nahe war, befahl er nachdrücklich, dass es immer so sein sollte. Denn ein und derselbe Geist, sprach er, habe die Brüder und jene Armen Frauen aus dieser Welt geführt.[136]*

Franziskus' Achtung vor der Kraft des Geistes Gottes, die »Schwestern und Brüder bewegt«, seine Bewunderung für Klaras radikale Nachfolge, die respektvolle Unterstützung durch die Brüder, ihre Unerschrockenheit und der gemeinsame Kampf gegen Vereinnahmung für eine patriarchal-päpstliche Nonnenpolitik fordern eine moderne Kirche heraus, deren ranghöchste Vertreter Ordensschwestern allzu gerne als persönliches Dienstpersonal halten und Frauen allgemein in Dienstaufgaben sehen. Andreas Englisch weiß zu berichten, dass Kardinal Bergoglio sich an der Römischen Kurie auch dadurch unbeliebt machte, dass er bei jeder Gelegenheit gegen den Missbrauch von weltweit 10.000 Ordensschwestern als Haushälterinnen und Statussymbole von Kardinälen und Bischöfen protestierte: Der Primas von Argentinien hatte »keine einzige Nonne als Haushälterin. … Er sagt bei Treffen im Vatikan ganz offen, dass die Ordensfrauen, die in den Küchen der Kardinäle kochen, Wäsche waschen, Betten beziehen, Geschirr abwaschen und Kaffee für den Fahrer des Bischofs aufbrühen, das tun sollten, wofür sie eigentlich Nonnen geworden sind: das Evangelium verkünden, Kinder beschützen, Alten beistehen, Gottes Liebe zeigen.«[137]

Von den Armen evangelisiert

Echte Geschwisterlichkeit wird eine Zukunftsaufgabe der gesamten Menschheit bleiben. Papst Franziskus zeigt sich in seiner Programmschrift offen und weit für die Dimensionen, die dieses Postulat beinhaltet. Die Option für die Armen ist für Christinnen und Christen nicht nur unaufgebbar und neu zu beleben, sie ist die eigentliche Aufgabe – mit überraschender Reichweite:

> Sie [die Armen] haben uns vieles zu lehren. Sie haben nicht nur Teil am *sensus fidei*, sondern kennen außerdem dank ihrer eigenen Leiden den leidenden Christus. Es ist nötig, dass wir alle uns von ihnen evangelisieren lassen. Die neue Evangelisierung ist eine Einladung, die

heilbringende Kraft ihrer Leben zu erkennen und sie in den Mittelpunkt des Weges der Kirche zu stellen. Wir sind aufgerufen, Christus in ihnen zu entdecken, uns zu Wortführern ihrer Interessen zu machen, aber auch ihre Freunde zu sein, sie anzuhören, sie zu verstehen und die geheimnisvolle Weisheit anzunehmen, die Gott uns durch sie mitteilen will (EG 198).

Weit mehr als ein karitativer Ansatz steckt also hinter dieser so gern zitierten Option für die Armen. Sie beinhaltet nicht mehr und nicht weniger als einen grundlegenden Perspektivenwechsel. Im Mittelpunkt stehen die Übersehenen, die Verachteten, die Hungrigen, die Müden – als jene, die den Weg weisen. Auch hier kann sich Papst Franziskus von seinem heiligen Bruder und seiner heiligen Schwester bestärken lassen: Geschwisterlichkeit nimmt Maß an den Schwächsten und lässt vermeintlich Starke die eigenen Schwächen nicht länger verdrängen, sondern sie vielmehr annehmen. Auf diese Weise entfaltet sie ihre ganze, gottgewollte Stärke.[138]

»in den Fußspuren Jesu«
Ökumene unter Geschwistern

Die »Herausforderungen der Welt von heute« kennen viele Facetten. Papst Franziskus hat Franz von Assisi als Leitbild gewählt, weil ihm die Option für die Armen so sehr am Herzen liegt. Ein weiteres Anliegen verbindet er ebenfalls mit dem Armen aus Assisi: seine unermüdliche Friedensmission. Dieser Friede hat selbstredend soziale Dimensionen. Darüber hinaus aber wohnt ihm – auch und gerade in einer globalisierten Welt – ein religiöses Moment inne. Die eine Welt kennt viele Konfessionen und verschiedene Religionen.

Bereits die Amtseinsetzung des neuen Papstes feiern hochrangige Vertreter anderer Kirchen und Delegationen der Weltreligionen mit. Erstmals in der Geschichte der lateinischen Kirche ist dabei der ökumenische Patriarch von Konstantinopel zu Gast. Die *Deutsch-türkischen Nachrichten* unterstreichen am Vortag die Bedeutung dieser Begegnung. Unter dem Titel »Historischer Schritt: Patriarch Bartholomaios I. wohnt Amtseinführung von Franziskus I. bei« wird der hohe Gast mit der Feststellung zitiert, seine Teilnahme an der Einsetzung des lateinischen Kollegen sei erstmalig seit dem Schisma von 1054 und markiere eine bemerkenswerte »historische Entwicklung«.[139] Nach der Feier und einem persönlichen Gespräch äußert sich der griechisch-orthodoxe Patriarch ökumenisch überaus hoffnungsvoll: »Ich glaube, es ist eine Chance für die nächsten Generationen, die Kirchen von Ost und West vereint zu sehen«, wobei der 73-Jährige beifügt, dass er dies wahrscheinlich nicht mehr selber erleben werde.[140]

Ein Glaube und eine Taufe

Nach bewegenden Begegnungen mit dem Ratsvorsitzenden der Evangelischen Kirche in Deutschland (EDK) im April und dem koptischen Papst Tawadros II. am 10. Mai empfängt Franziskus am 14. Juli 2013 in Rom auch den Primas der anglikanischen Kirche. Erzbischof Justin Welby war am 21. März in sein Amt eingesetzt worden und hatte bei dieser Feier in Canterbury ausdrücklich für den zwei Tage zuvor eingesetzten Papst gebetet. Franziskus bedankt sich dafür und sagt in einer betont herzlichen Rede an seinen Gast: »Die heutige Begegnung, lieber Bruder, bietet uns die Gelegenheit, uns daran zu erinnern, dass das Streben der Christen nach Einheit nicht durch praktische Erwägungen, sondern durch den Wunsch des Herrn Jesus Christus selbst angeregt wurde, der uns zu seinen Brüdern und Schwestern und Kindern des einen Vaters gemacht hat.«[141] Kritiker monieren, dass es bisher bei symbolischen Begegnungen und Gesten geblieben sei. Dass hoffnungsvoll begonnene Gespräche allerdings auch abseits der Scheinwerfer weitergehen, zeigt der anglikanische Primas Anfang November 2013, indem er begeistert über Franziskus spricht und vielsagend Überraschungen ankündigt:

Gott hat den Katholiken und uns allen einen großartigen Papst geschenkt: er ist ein großartiger Papst der Überraschungen. Ich glaube, dass viele Menschen durch ihn neue Hoffnung haben und dank ihm zuversichtlich sind. Ich bin es auf jeden Fall. Er ist eine wunderbare Person. Es wird sicher eine oder sogar zwei Überraschungen demnächst geben, die wir gemeinsam verkünden können. Aber ich darf im Augenblick nichts dazu sagen![142]

Auch mit Blick auf die koptische Kirche erinnert Franziskus daran, »dass die Christen beider Kirchen in der einen Taufe vereint seien«, und spricht dann das hohe Ziel an: »Er hoffe auf den Tag, an dem man auch gemeinsam am Altar feiern könne.«[143] Am 20. Dezember besucht Kardinal Kurt Koch, Ökumeneverantwortlicher des Vatikans, den russisch-orthodoxen Patriarchen Kyrill I. in Moskau. Auch Kyrill habe sich »begeistert« vom neuen Papst gezeigt, wird der Schweizer Kurienkardinal danach von Radio Vatikan zitiert: »Er ist sehr erfreut über dieses Pontifikat und hat das in seiner ersten Rede auch zum Ausdruck gebracht. Vor allem bewundert er, wie Papst Franziskus die Kirche leitet und seine Art, mit Menschen umzugehen.«[144]

Besondere Hoffnung ruht nun auf der zweiten Auslandsreise des Papstes ins Heilige Land, die an die historische Annäherung zwischen Papst Paul VI. und Patriarch Athenagoras von Konstantinopel im Januar 1964 in Jerusalem anknüpft. Zum Abschluss der Gebetswoche für die Einheit der Christen sagte Franziskus Ende Januar 2014: »Liebe Freunde, Christus kann nicht zerteilt werden! Diese Gewissheit muss uns ermutigen und bestärken, mit Demut und Zuversicht auf dem Weg der Wiederherstellung der vollen sichtbaren Einheit aller an

Christus Glaubenden voranzuschreiten ...« Und er fordert alle auf: »Beten wir, dass er [der heilige Paulus] uns helfe auf diesem Weg ... der Einheit, der Liebe, unterwegs in Einigkeit. Die Einheit wird nicht kommen wie ein Wunder am Ende. Die Einheit kommt auf dem Weg.«[145]

Eher exotisch wirkt in dieser ökumenischen Aufbruchsstimmung das feierliche Anathema, welches das Oberhaupt der kleinen byzantinischen Kirche der Ukraine am 2. August 2013 gegen Franziskus ausspricht. Patriarch Elijah schleudert von Lwiw (Lemberg) den Bannstrahl gegen »den römischen Bischof Francis Bergoglio«, der »sein Amt missbrauche, um gegen Gottes Gesetz zu verstoßen, indem er unmoralische Homosexualität akzeptiere ... und Synkretismus mit dem Heidentum fördere«.[146]

Offene Fenster und Türen

Von besonderem Interesse für den deutschen Sprachraum ist die erste Begegnung mit Nikolaus Schneider, dem Ratsvorsitzenden der EDK. Papst Franziskus empfängt ihn am 8. April bereits nach wenigen Tagen im Amt. Zwei Tage später verkündet der österreichische Rundfunk die Schlagzeile: »Evangelische Kirche lädt Papst nach Wittenberg ein«.[147] Anlässlich des 500-jährigen Jubiläums der Reformation solle 2017 in Wittenberg nicht Martin Luther, sondern ein Christusfest gefeiert werden, zu dem auch der Papst eingeladen sei. Das deutsche Domradio berichtet ausführlich über die Begegnung mit Schneider, der danach auch mit Blick auf die evangelischen Kirchen einen »ökumenischen Frühling« ankündigte:

Wohl selten hat sich ein führender Repräsentant des deutschen Protestantismus so euphorisch über eine Begegnung mit einem Papst geäußert wie Nikolaus Schneider: Von einem »Austausch der Herzen« schwärmte er nach seinem Gespräch mit Franziskus. Zum Abschied hätten sich beide mit »Bruder« angeredet und gemeinsam das Vaterunser gebetet, so der Ratsvorsitzende der Evangelischen Kirche in Deutschland (EKD) nach der halbstündigen Begegnung am Montag. Schneider sprach von einer anderen »Tonalität« im Vergleich zu Benedikt XVI. … Auch inhaltlich verspricht sich Schneider offenbar vom neuen Papst geradezu einen ökumenischen Frühling … Nach seinem Eindruck sei dieser Papst … bereit, »Fenster und Türen zu öffnen, damit neue Wege möglich sind«, so der EKD-Ratsvorsitzende.

Der Bericht stellt fest, dass Franziskus »kurz nach seinem Amtsantritt in der Ökumene noch ein weitgehend unbeschriebenes Blatt« war. »Anders als sein Vorgänger Benedikt XVI., der aus seinem Heimatland … bestens mit dem Protestantismus vertraut war, hat es der neue Papst in Argentinien vor allem mit evangelikalen Kirchen zu tun gehabt.«[148]

Ein Blick zurück auf die Lampedusa-Reise zeigt an einem Beispiel, dass auf der Ebene des christlichen Handelns immer wieder überraschende ökumenische Allianzen entstehen können – wie etwa im Sommer 2013 in Norddeutschland: Im Hamburger Stadtteil St. Pauli öffnet ein evangelisch-lutherischer Pastor seine Kirche, um afrikanischen Flüchtlingen Asyl zu gewähren, weil sie buchstäblich im Regen stehen. Italien hatte sie von Lampedusa aus in den Norden geschickt. Der Kirchenraum wird so zur Notunterkunft für 80 Menschen, deren willkürlich ausgestellte Touristenvisa abgelaufen sind.

Die Lage ist schwierig, aber nicht hoffnungslos. Vor der Kirche hängt ein buntes Transparent mit der Aufschrift »Embassy of hope – Botschaft der Hoffnung«. Diese Aktion ist an sich schon eine bemerkenswerte Meldung. Noch bemerkenswerter aber: Der evangelische Pastor Sieghard Wilm schreibt am 12. Juli 2013 einen Brief an Franziskus, weil er sich durch dessen Tun unterstützt sieht, und zitiert darin gar die Papstpredigt auf der Flüchtlingsinsel:

> Heiliger Vater, ich darf Ihnen als Pastor der evangelisch-lutherischen St.-Pauli-Kirche schreiben und Ihnen meinen Dank und Respekt aussprechen. Uns hat in dieser Woche Ihr Besuch auf Lampedusa sehr bewegt. Gemeinsam beten wir für die ungezählten Opfer der Flucht übers Meer, über die unsere Welt das Weinen verlernt hat. Gemeinsam beklagen wir die Globalisierung der Gleichgültigkeit. Wir haben römisch-katholische, protestantische und auch muslimische Gäste im Haus Gottes. Mit ihnen halten wir die Ohnmacht aus …[149]

Was wir hier oder dort an Nachfolge Christi zu realisieren versuchen, bleibt für den oder die Einzelne immer Stückwerk – für den Papst genauso wie für einen einzelnen Pastor oder ein Gemeindemitglied. Niemand kann alles tun. Aber gemeinsam ergibt sich ein runderes Bild. Klara von Assisi schreibt in ihrem dritten Brief an Agnes von Prag:

> *Ich erkenne, dass du gewachsen und stark geworden bist im Glauben, woran ich meine große Freude habe. Und das umso mehr, als ich in dieser Freude aufatmen darf, weil ich weiß und überzeugt bin, dass du dadurch wunderbar ergänzt, wo ich und die anderen Schwestern im Nachfolgen der Spuren des armen und demütigen Jesus Christus zurückbleiben.*[150]

Brüder und Freunde

Ende 2013 zieht Franziskus eine erste Bilanz seiner ökumenischen Neuland-Erfahrungen. In einem Interview mit der italienischen Zeitung *La Stampa* bekennt er im Advent, seine Begegnungen mit orthodoxen Patriarchen hätten ihn einiges gelehrt. Er nennt namentlich das Ehrenoberhaupt der Orthodoxie, Bartholomaios, und Hilarion, den Außenamtsleiter der russisch-orthodoxen Kirche, sowie den koptischen Papst Tawadros II., den er als »Mystiker« bezeichnet. Franziskus bekennt wörtlich: »Ich habe mich als ihr Bruder gefühlt. Sie stehen in apostolischer Nachfolge, ich habe sie als Brüder im Bischofsamt empfangen.« Es sei schmerzvoll, nicht die Eucharistie miteinander feiern zu können, »aber Freundschaft ist vorhanden«. Der Weg der Ökumene gelinge insgesamt durch Freundschaft, gemeinsame Arbeit und Gebet für die Einheit. »Wir haben einander gegenseitig gesegnet, ein Bruder segnet den anderen, ein Bruder heißt Petrus, der andere Andreas, Markus, Thomas ...«[151]

Das Apostolische Schreiben *Evangelii gaudium* hält zum interkonfessionellen Dialog programmatisch fest:

> Das ökumenische Engagement entspricht dem Gebet
> Jesu, des Herrn, der darum bittet, dass »Alle eins sein«
> sollen (Joh 17,21). Die Glaubwürdigkeit der christlichen
> Verkündigung wäre sehr viel größer, wenn die Christen
> ihre Spaltungen überwinden würden und die Kirche erreichen könnte, »dass sie die ihr eigene Fülle der Katholizität in jenen Söhnen und Töchtern wirksam werden
> lässt, die ihr zwar durch die Taufe zugehören, aber von
> ihrer völligen Gemeinschaft getrennt sind«. Wir müssen
> uns immer daran erinnern, dass wir Pilger sind und dass
> wir gemeinsam pilgern (EG 244).

Das Pilgermotiv erinnert im Kontext der Ökumene an das Gebetstreffen der Weltreligionen, Kirchen und agnostischen Menschen, zu dem Benedikt XVI. am 27. Oktober 2011 nach Assisi eingeladen hatte. Es stand unter dem Motto »Pellegrini della verità – pellegrini della pace« (Pilgernde zu Wahrheit und Frieden). Der einladende Papst bezeichnete damals jede echte Religion und auch seine eigene Kirche nicht als Besitzerin der Wahrheit, sondern als pilgernd und suchend auf dem Weg zu ihr.[152] Gemeinsames Pilgern verbindet, während Fundamentalismen trennen:

> In diesem Licht ist die Ökumene ein Beitrag zur Einheit der Menschheitsfamilie … Angesichts der Gewichtigkeit, die das Negativ-Zeugnis der Spaltung unter den Christen besonders in Asien und Afrika hat, wird die Suche nach Wegen zur Einheit dringend …
> Wenn wir uns auf die Überzeugungen konzentrieren, die uns verbinden, und uns an das Prinzip der Hierarchie der Wahrheiten erinnern, werden wir rasch auf gemeinsame Formen der Verkündigung, des Dienstes und des Zeugnisses zugehen können (EG 245–246).

Inspiration jedes Menschen

Worin kann Franziskus von Rom sich auch in der Ökumene von Franz von Assisi leiten lassen, der doch im Hochmittelalter und in der vorreformatorischen lateinischen Kirche lebte? Zu seinen Lebzeiten war zudem auch die getrennte Ostkirche infolge des Vierten Kreuzzugs unter einem lateinischen Patriarchen in Konstantinopel mit der Westkirche zwangsvereinigt (1204–1251).[153] Spaltungen in der Christenheit traten für Bruder Franz lediglich in der Verfolgung der Waldenser erfahrbar zu Tage, die 1209–1229 im sog. Albigenserkrieg zusammen mit den Katharern verfolgt wurden und dadurch zum Aufbau einer eigenen Kirche gezwungen waren.

Franz von Assisi äußerte sich in keiner seiner Schriften über Schismatiker und Ketzer. Er enthielt sich auch insofern jeglichen Urteils, um sich nicht richtend über andere Menschen zu stellen. Was in seinen Schriften jedoch auffällt, ist das große Vertrauen in die göttliche Inspiration auch einfachster Menschen. Seine Aussagen über den Geist Gottes als die eigentlich leitende Kraft und das Evangelium als wahre Regel seiner *fraternitas* lassen sich vom Orden auf die Gesamtkirche übertragen und auch auf einen ebenso geschwisterlichen wie inspirierten Dialog der Kirchen beziehen.

Während die Mönchsorden Interessenten erst einmal strengen Prüfungen unterzogen und die ausgewählten Ordenskandidaten dann für Lehrjahre einem spirituellen Meister anvertrauten, sah Franz von Assisi bereits Neulinge vom Geist Gottes geleitet: *inspiratione divina* (durch göttliche Inspiration) handelnd, sollten sie ihre Wahl der Christusnachfolge nach eigenem Willen beginnen und die Ratschläge Jesu nach freien Ermessen umsetzen.[154] Den eigentlichen Leiter seines Ordens erkannte der Gründer im Heiligen Geist: *»›Bei Gott‹, sprach er, ›gilt kein Ansehen der Person, und der Generalminister des Ordens, der Heilige Geist, ruht in gleicher Weise über Armen und Einfältigen.‹«*[155] Deshalb versammelten sich die Brüder aus allen Gegenden und Ländern alljährlich zum Pfingstkapitel in Assisi. Von der göttlichen Weisheit und Inspiration geleitet, werteten sie da ihre Erfahrungen aus, fällten zukunftsweisende Entscheidungen und schrieben fundamentale Regelungen für ihre Lebensform fest. Dabei sahen sie den Geist in jedem Bruder wirken, sei er gebildet oder Analphabet, Laie oder Priester, erfahren oder noch jung.[156] Die franziskanische Bewegung zeigt in ihren verschiedenen Facetten neben einem entschieden geschwisterlichen Charakter eine ausgesprochen demokratische und charismatische Struktur.

Freiheit der *vita evangelica*

Als die Römische Kurie den weiblichen Teil dieser Bewegung in Klöstern ansiedeln, streng klausurieren und auf eine strikte Regeldisziplin verpflichten wollte, widersetzten sich Klara wie Franz gemeinsam jeder Einengung ihrer Freiheit als »Töchter Gottes«, »Freundinnen des Geistes« und Jüngerinnen Christi.[157]

Welche Freiheit Franz von Assisi Brüdern wie Schwestern in der Nachfolge Jesu einräumte, zeigt sein »Brief an den Orden«. Die Weisungen und Normen, wie Benedikt von Nursia sie in seiner Regelsynthese präsentiert, werden – auch wenn sie auf bewährter Erfahrung beruhen – durch die »Gebote und Räte Jesu« ersetzt. Der von Franz verwendete Doppelausdruck *praecepta et consilia* bezeichnet im Mittelalter das Evangelium in seiner Ganzheit. Dieses ist denn auch die einzige und wahre Regel der Brüder und der Schwestern. Franziskus verdeutlichte das im ersten und im letzten Satz der Ordensregel wie auch in der Lebensform von San Damiano.[158] 300 Jahre später wird Bruder Martin in Wittenberg, selber aus einem observanten Bettelorden stammend, das Prinzip *sola scriptura* (»allein die Schrift«) formulieren: Das Evangelium und die Heilige Schrift sollen die eigentliche Grundlage und die einzig verbindliche

Leitnorm einer erneuerten Kirche sein. Wen wundert es da, wenn alle großen Reformatoren in Franz von Assisi einen Vorläufer der Kirchenreform gesehen haben, wie Klaus Reblin in seiner umfassenden Untersuchung darlegt?[159]

Vom Geist Gottes inspiriert und vom Evangelium geleitet, werden alle Brüder durch Franz ermutigt »unseres Herrn Jesu Christi Lehre und Fußspuren zu folgen«.[160] In welcher Freiheit dies geschehen kann, zeigt der persönliche Brief des Poverello an seinen Gefährten Leo. Dieser drängte offenbar auf präzisere Anweisungen für sein Leben in der Christusnachfolge. In unbeholfen gekritzelten Zeilen, die heute noch im Dom von Spoleto zu bestaunen sind, antwortet Franz brüderlich freimütig und zugleich mütterlich sensibel. Er hütet sich dabei, in die Rolle eines Führers oder Meisters zu schlüpfen, verzichtet auf jede Norm oder Weisung und gibt dem Gefährten, der Theologe und Priester ist, nur einen einzigen Rat:

> Bruder Leo, dein Bruder Franz wünscht dir Lebensfülle und Frieden. So sage ich dir, mein Sohn, wie eine Mutter: Alle Worte, die wir auf dem Weg gesprochen haben, fasse ich kurz in dieses Wort und diesen Rat, und danach ist es nicht mehr nötig, wegen eines Rates zu mir zu kommen, weil ich dir so rate: Auf welche Weise auch immer es dir besser erscheint, Gott, dem Herrn, zu gefallen und seinen Fußspuren und seiner Armut zu folgen, so tut es [alle] mit dem Segen Gottes, des Herrn, und brüderlich verbunden mit mir. Und wenn es dir um deiner Seele oder deines sonstigen Trostes willen notwendig ist und du zu mir zurückkommen willst, so komm![161]

Das Briefchen, das Leo über 50 Jahre lang in seiner Kutte mit sich trug, spiegelt die Freiheit urfranziskanischen Lebens.

Während – oder weil – der Papst schläft, bewahrt Franziskus die Kirche
(S. Giovanni in Laterano, damalige Hauptkirche des Papstes) vor dem
Einsturz. Wenn man den Kopf nach rechts neigt oder das Bild etwas nach
links dreht, ist mit der Kirche alles zum Besten bestellt. In Schieflage steht
nun allerdings die sie umgebende Welt.
Franz von Assisi als Stütze der Kirche
Giottoschule, Oberkirche von San Francesco, Assisi

Selbstverantwortung verbindet sich mit Solidarität. Kein Bruder, keine Schwester und keine Vorschrift dürfen sich zwischen Christus und diejenigen stellen, die ihm aus Liebe folgen.

Nicht Gesetze oder Weisungen einer menschlichen Autorität, sondern die eigene Fantasie weiß am besten, wie der Jünger seinem Meister und der Freund seinem Freund gefällt. Der Poverello weckt im Gefährten den Mut, sich in der Nachfolge Jesu von der eigenen Liebe leiten zu lassen. Der Wechsel vom Singular (du) zum Plural (ihr) unterstreicht, dass diese Freiheit im Miteinander gelingt – im geschwisterlichen Hören aufeinander.

Das Modell unterschiedlichster Formen der Christusnachfolge in geschwisterlichem Zusammenspiel ließe sich auf die Ökumene übertragen. Wenn Papst Franziskus dabei sich und die Vertreter anderer Kirchen als Geschwister vor demselben Vater sieht, kann er mit der Vaterunser-Meditation seines Vorbilds beten:

> *Dein Wille geschehe, wie im Himmel so auf Erden: damit*
> *wir dich lieben aus ganzem Herzen, indem wir immer an*
> *dich denken; aus ganzer Seele, indem wir immer nach dir*
> *verlangen; aus ganzem Gemüte, indem wir all unser Stre-*
> *ben zu dir hinlenken und deine Ehre in allem suchen; und*
> *aus allen unseren Kräften, indem wir alle unsere Kräfte*
> *und Empfindungen der Seele und des Leibes zum Gehorsam*
> *gegen deine Liebe und für nichts anderes aufbieten. Und*
> *damit wir unsere Nächsten wie uns selbst lieben, indem wir*
> *alle nach Kräften zu deiner Liebe hinziehen, uns über das*
> *Gute der anderen wie über das unsrige freuen und in Wi-*
> *derwärtigkeiten Mitleid mit ihnen haben und niemanden*
> *irgendwie beleidigen.*[162]

»ecclesia semper reformanda«
Mut zur verbeulten Kirche

Habemus papam – Ein Papst büxt aus. Dieser italienische Kinofilm wurde 2011 in ganz Europa zum Kassenschlager. Unter der Regie von Nanni Moretti schildert er die fiktive Geschichte des amerikanischen Kardinals Melville, der, zum Papst gewählt, noch vor seiner Präsentation auf der Segensloggia von einer Angstattacke gepackt wird und die Flucht antritt: eine berührende Geschichte – inmitten einer Kurie, deren Maschinerie einen überaus menschlichen Amtsträger zu erdrücken droht.

Franz als Patron für eine Kirchenreform?

Bereits 1999 erschien in Mailand ein Roman, der ähnlich einsetzt und »das erste Pontifikat des dritten Jahrtausends« schildert. Verfasst von Paolo Farinella, trägt er den Titel *Habemus papam, Francesco.*[163] Ein Konklave wählt zu Weihnachten den einfachen Priester Giovanni Battista Sciaccaluga zum Papst. Dieser nennt sich nach Franz von Assisi, orientiert sich an der Bibel, gibt den Vatikan auf und nimmt sein Amt als Pilger unterwegs mitten unter den Menschen wahr. 2012 erschien der Roman als Taschenbuch und feierte angesichts der Skandale, die das Pontifikat Benedikts XVI. zunehmend erschütterten, ungeahnte Erfolge.[164] Im Roman lässt sich der neue Papst von einem externen Gremium weltoffener Kirchenmänner beraten: dem brasilianischen Kardinal der Armen, Dom Hélder Câmara, dem deutschen Moraltheologen Bernhard Häring und dem belgischen Jesuiten Jacques Dupuis. In der Neuauflage kommen weitere kurienkritische Berater dazu: die Befreiungstheologen Leonardo Boff und Frei Betto.

Im Frühling 2013 wird einiges aus dieser Film- und Romanwelt überraschend Wirklichkeit: Ein Amerikaner wird Papst und beginnt mit seiner gewinnenden Menschlichkeit starre Strukturen des Vatikans zu durchbrechen. Er nennt sich Francesco, zieht nicht in den Apostolischen Palast ein, kleidet sich betont schlicht und bevorzugt es, wie ein Pilger im Gästehaus zu leben. Er begegnet den Menschen auf Augenhöhe und setzt ein Beratungsgremium von acht externen Kardinälen ein, um Kurie und Kirche zu reformieren. Menschen in aller Welt beten, dass diese Hoffnungsgestalt an den Machtstrukturen des Vatikans nicht zerbricht, sondern sie vielmehr überwindet. Sowohl im Roman wie im realen gegenwärtigen Pontifikat steht der Heilige von Assisi als Patron für eine radikale Kirchenreform. Ein mittelalterlicher Wanderbruder als Leitbild für den Papst im dritten Jahrtausend? Ein »religiöses Genie« und »der menschlichste unter den christlichen Heiligen«, »ein Gottesfreund und ein Menschenfreund«[165] als Hoffnungsgestalt für eine reformbedürftige Kirche?

Das Leben des Poverello aus Assisi erscheint in vielem wie ein Kontrastprogramm zu einer Amtskirche, die in Macht erstarrt und in ihrer Pracht weltfremd geworden ist. Die noch heute beliebten Franziskus-Filme von Franco Zeffirelli (1972) und Liliana Cavani (1989) illustrieren diesen Kontrast an der Begegnung der ersten Gefährten mit Innozenz III.: 1209 reisen die ersten Brüder bettelarm nach Rom, werden von der Kurie abgelehnt und können doch den mächtigen Papst für ihr Ideal gewinnen.[166] Tatsächlich war die Provokation schon damals riskant, und bis heute setzt sie das dynamische Lebensprogramm des Poverello kritisch einer klerikal trägen Institution gegenüber.

Erneuerung aus dem Evangelium

Franz von Assisi orientierte sich radikal am Evangelium und brach aus bewährten Formen aus. Die Praxis Jesu leitete ihn und nicht die Gesetze der Kirchentradition. Die ersten Brüder lebten das »Leben der Apostel« mit neuer Frische und als Laien in der Kirche. Sie verkündeten die Botschaft Jesu mit einfachen Worten mitten unter den Menschen. Sie verbanden sich mit den Armen, wandten sich Kranken und Randständigen zu, bauten brüderlich Brücken – zu einfachen Leuten wie zu Mächtigen.

Kirchlichem Machtgebaren begegneten sie in der »Freiheit des Geistes«. Die Aggression gegenüber einer anderen Religion in den Kreuzzügen unterlief Bruder Franz mit einer Friedensmission und freundschaftlichem Dialog. Dem Reichtum der Kirche setzten die Brüder »evangelische Armut« entgegen, die sich mit den Ärmsten solidarisiert und wie die Apostel in Galiläa »arm an Dingen und reich an Leben« durch Städte und Dörfer zieht.[167] Karrieresüchtige Kleriker wurden von den Brüdern – unter ihnen auch Priester – mit ihrer Karriere nach unten provoziert. Diese hielten nicht gelehrte Predigten, sondern deuteten das Evangelium lebenspraktisch im Alltag der Menschen, sie sprachen nicht von hohen Kirchenkanzeln, sondern berührten durch Gesten und Zeichen auf den Stadtplätzen. Sie sangen nicht kunstvolle Choräle in Abteien wie die Mönche, sondern traten als Gaukler Gottes und kreative Straßenkünstler auf. Franz von Assisi hat sich zwar – im Unterschied zu den zeitgenössischen Waldensern – verbaler Kirchenkritik enthalten, durch sein Leben, seine Zeichen und seine Initiativen jedoch innerhalb der damaligen Kirche subversiv gewirkt. Seine Aufrufe an die Brüder, »katholisch« zu sein und zu bleiben, betonen eine Loyalität, die oft am äußersten Rand des institutionell Erträglichen handelte.[168]

Die frühe franziskanische Bewegung kam – und dies ist institutionell vielleicht das wichtigste Zeichen – ohne Hierarchien aus. Sie vertraute darauf, dass der Heilige Geist jedes Mitglied inspiriert und die Gemeinschaft durch demokratische Beratungen leitet. Sie beschränkte sich auf ein Minimum an Strukturen und Regelungen, um in größter Freiheit und mit der Fantasie der Liebe »den Fußspuren Jesu« zu folgen.[169] In treuer Konsequenz zur Ur-Erfahrung des Franziskus, dass es nur einen Vater im Himmel gibt, der alle Menschen zu Geschwistern macht, konnte es innerhalb der Bruderschaft keinen »Abbas«, keinen Abt und Vater mehr geben. Die Brüder im Amt sind einander »Diener« und »Hüter«.

Ebenso verhielt es sich bei den Schwestern. Klara vermied selbst zeitlebens und rigoros den Titel einer Äbtissin.[170] Sie hatte die »Führung und Leitung« ihrer Frauengemeinschaft übernommen und wollte – in enger Anlehnung an Franziskus –, dass die

Schwestern mit ihrer Leitung »reden und tun können, wie Herrinnen mit ihrer Dienerin«.[171] Sollte der Gemeinschaft klar werden, dass ihre Leiterin ungeeignet geworden ist, dann sind die Schwestern »verpflichtet ... so schnell sie können, eine andere zur Äbtissin und Mutter zu wählen«.[172]

Frauen entfalteten sich in dieser Bewegung in eigener Freiheit: Während Franziskus und die Brüder das Wanderleben der Apostel weiterführten, orientierte sich Klara mit ihren Schwestern am offenen Haus Martas und Marias in Betanien – und lebte Christusfreundschaft vor Ort, in der »Frauenkirche« von San Damiano. Gegen Versuche der Amtskirche, diese selbstbewussten »Freundinnen des Geistes, Töchter Gottes und Jüngerinnen Jesu« zu vereinnahmen und nach eigenen Regeln zu institutionalisieren, vernetzte Klara sich mit anderen gleichgesinnten Frauengemeinschaften, erfuhr Unterstützung durch verbündete Brüder und widerstand selbst der päpstlichen Autorität in respektvollem Ungehorsam.[173]

Die Ikone der franziskanischen Bewegung, das Kreuz von San Damiano, zeigt den Kern der ersten Kirche, die mehrheitlich aus Frauen besteht: Maria und Johannes, die Mutter und der Apostel, Maria von Magdala und Maria, die Mutter des Jakobus, die Freundin Jesu und die Familienfrau, vier jüdische Menschen und der römische Hauptmann, je mit einer eigenen Lebensform und einer eigenen Art der Nachfolge, gleichwertig um den Auferstandenen geschart.[174] In der franziskanischen Bewegung, die sich von dieser *Biblia pauperum*[175] inspirieren lässt, finden tatsächlich auch Laien einen Entfaltungsraum, wie ihn kreativer und vielfältiger kein »Dritter Orden« in der katholischen Kirche hervorgebracht hat.[176]

Franziskus von Rom?

Mit Blick auf so viel evangelische Radikalität, geschwisterliche Freiheit und subversive Prophetie im Leben des Poverello und seiner Schwestern, die die Kirche *von unten* erneuert haben, stellt sich tatsächlich die Frage, ob ein Papst diesen Namen gewissermaßen zum Emblem für ein Reformprogramm *von oben* machen kann. Die deutsche Wochenzeitung *Die Zeit* druckte Anfang Oktober angesichts des Assisi-Besuchs immerhin euphorisch die Schlagzeile: »Die Rückkehr des heiligen Franz«.[177] Michael Meier setzte in einem Artikel im Zürcher *Tagesanzeiger* kritisch dagegen: »Der Papst wird nie Franziskus«.[178] Unter den skeptischen Stimmen, die das Pontifikat unterdessen auch kennt, lassen wir diese ausführlicher zu Wort kommen. In seiner Analyse nach sieben Monaten »Revolution Bergoglio« würdigt Meier zunächst eine Reihe bedeutsamer Leistungen des Reformpapstes:

> Das ist der Perspektivenwechsel, den der Papst aus
> Südamerika vollzieht: von den Ideen zu den Menschen,
> von der Doktrin zur Praxis, von der Lehre zur Seelsorge.
> Zurück zur ureigenen Aufgabe der Kirche. In der Nach-
> folge von Jesus und Franziskus. Das alles geht nicht ohne
> Kritik an der Institution Kirche, die in Nabelschau und
> Narzissmus gefangen ist. Franziskus prangert das höfi-
> sche Denken an, den Karrierismus und Klerikalismus in
> Kirche und Kurie. Er kürzt die Löhne der Prälaten – und
> streicht päpstliche Ehrentitel … Franziskus ist ernsthaft
> gewillt, die Kurie an Haupt und Gliedern zu reformieren.
> Dem erfahrenen Spitzendiplomaten Parolin traut er zu,
> dass der aus der Kurie wieder eine Dienstleisterin für die
> Weltkirche macht und Kabinettssitzungen zwecks besse-
> rer Koordination einberuft. … Unterstützt wird er vom

neuen Kardinalsrat, dessen acht Erzbischöfe aus allen
Kontinenten den Papst beraten. Der Rat soll ihm helfen,
die weltweite Bischofssynode zur permanenten Einrichtung zu machen und die Weltkirche zu dezentralisieren,
wo es geht. Also mehr Mitsprache für die Ortskirchen
und ihre Bischöfe. Auch wenn für die Öffentlichkeit
nicht unmittelbar spürbar, lassen sich diese strukturellen
Reformen viel leichter bewerkstelligen als Reformen der
Doktrin.[179]

Der kritische Beobachter weist allerdings auch auf innere
Spannungen hin, die den ersten Franziskus-Papst zur tragi-
schen Figur machen könnten: Bergoglio vertrete eine weit
konservativere Lehre, als es begeisterten Mitteleuropäern
lieb ist, die ihm applaudieren. Er wecke im Kirchenvolk un-
erfüllbare Erwartungen und provoziere zunehmend klerikale
Opposition. Wenn Franziskus konservative Hardliner nicht
austausche, an der Doktrin der Kirche wenig ändere und kritische Fragen wie die der Gleichberechtigung der Frauen in
den Hintergrund dränge, bleibe der Reformstau bestehen.
Der Journalist fragt schließlich auch, wie sich die nur partiell
mögliche Identifikation mit Franz von Assisi mittelfristig aus-
wirken wird:

> Wer aber im Vatikan lebt, kann nicht zur Kirche der Ar-
> men gehören. Freilich: Papst Franziskus hat bereits eine
> neue Armutsdebatte ausgelöst und die vom Evangelium
> gebotene Akzentverschiebung zu den Menschen am
> Rande vorangetrieben. Nur wird Bergoglio nie Franzis-
> kus werden.
> Nicht umsonst hat bisher kein Papst der Geschichte den
> Namen Franziskus angenommen. Zugleich den Papst
> und den heiligen Franz repräsentieren, das geht aus
> Prinzip nicht. Franziskus steht für das Charismatische,

Petrus für das Amtliche. Franz von Assisi hat sich als Antipode zum Papsttum gesehen. Er verbot seinen Brüdern, Ämter in der Hierarchie und an der Kurie anzustreben (was auch der Jesuitenorden tut). Und stellte klar: »Wir wollen in dieser Welt nichts besitzen. Hätten wir Besitztümer, bräuchten wir Waffen zu ihrem Schutz.« Franz von Assisi beim Wort nehmen hieße, die Schätze im Kirchenstaat den Armen zu verschenken und die Schweizer Gardisten heimzuschicken. Das wird der Papst so wenig tun, wie er den Vögeln predigen wird. Die partielle Identifikation mit seinem Vorbild geht nur um den Preis einer gewissen Zweideutigkeit.[180]

Breitenwirkung

Ein Blick in die Lebensgeschichte des Franz von Assisi zeigt, dass eine einzige Person wenig erreicht. Es war eine breite Bewegung von Schwestern und Brüdern, Frauen und Männern, die zu einem neuen Aufbruch in der Kirche geführt hat. Der Heilige selbst sagte in seinen letzten Jahren, »aus grenzenloser Liebe hoffnungsfroh«, wie der Biograf bemerkt, doch ebenso nüchtern:

> »Brüder, lasst uns anfangen, Gott dem Herrn zu dienen! Denn bis jetzt haben wir kaum oder auch gar keinen Fortschritt gemacht.« Er glaubte nicht, es schon ergriffen zu haben; und unermüdlich ausharrend im Vorsatz heiliger Erneuerung, lebte er in der Hoffnung, immer wieder einen neuen Anfang setzen zu können.[181]

Nachhaltige Wirkung erreichte Franz von Assisi nur, weil Tausende von Brüdern schon zu seinen Lebzeiten das neue Ideal bis auf die Britischen Inseln, in den Orient und nach Nord-afrika trugen, weil verschiedene Schwesterngemeinschaften es in weibliche Lebensformen übersetzten und eine breite Laienbewegung es mitten im eigenen Alltag umsetzte. Die Erneuerung geschah multiplikatorisch und lebenspraktisch: aus einer neuen Orientierung am Evangelium, durch Rückkehr zu einem einfachen und solidarischen Leben in der Kirche, in Geschwisterlichkeit und Zuwendung zur Welt, im Einsatz für den Frieden in allen Bereichen, durch Öffnung zu anderen Religionen und in achtsamer Liebe zur Schöpfung.

Papst Franziskus ist nicht Bruder Franz – und er muss es auch nicht werden. Er setzt das Programm des Poverello aus seiner Position und mit seinen Möglichkeiten um. Das Entscheidende dabei ist, dass er auf alle Getauften setzt. Das eigentlich Neue und Erfrischende dieses Pontifikats ist nicht, dass einer alles umkrempelt, sondern dass einer mit seinem Tun alle einlädt und ermutigt, es ihm gleichzutun. Wer auf eine Kirchenreform hofft, trägt das Beste zu ihrem Gelingen bei, wenn er oder sie sich in allen diesen Bereichen mit bewegen lässt. Der Wille, aufzubrechen, ist offenbar da, was fehlte, so erweisen es die überwältigenden Reaktionen auf den Franziskus-Papst, war die Ermutigung, es auch zu tun.

Aufruf zu kreativem Wagemut

In vielfältigen Stimmen ist zu hören, dass die Botschaft der »gemeinschaftlichen Suche« (EG 33) angekommen ist: Auf die Frage einer Journalistin im Herbst, was die Reformbewegung »Wir sind Kirche« in Deutschland tun wolle, sagte ihr Sprecher Christian Weise ebenso einfach wie klug: »Den Papst unterstützen.«[182] Euphorischer noch drückt es der Journalist Peter Hummel in seinem Buch *Generation Franziskus* aus:

> Neulich fragte mich ein Freund, ob der Papst den mit seiner Person verbundenen Erwartungen überhaupt gerecht werden kann oder ob nicht die Gefahr besteht, dass es, wie bei Barack Obama, schnell zu Enttäuschungen kommt. Ich finde, dass der Vergleich mit Barack Obama hinkt. Die Kirche macht ja keine Politik, sondern verkündet die Frohe Botschaft. Und die Kirche sind wir alle. Wir können diese Aufgabe bitte sehr nicht dem Papst überlassen, auch nicht den Bischöfen. Wir sind gefordert! Jeder von uns ist dafür mitverantwortlich, dass wir nicht enttäuscht werden.[183]

Aus diesem Grund hat der engagierte Journalist das Facebook-Forum GenerationFranziskus[184] gegründet.

Der Jesuit Bernd Hagenkord macht in seiner Einleitung zur deutschen Druckfassung von *Evangelii gaudium* klar: »Papst Franziskus will nicht Zustimmer, sondern Mitmacher.«[185] Und: »In einigen Reaktionen in den Medien hieß es, der Papst müsse nun Taten folgen lassen. Genau das ist falsch. Nicht der Papst muss – wir alle sollen, das ist die Idee dahinter. Wir können all die Veränderungen und die Reform nicht auf den Papst projizieren; nicht Franziskus wird der Agent der Erneuerung der Verkündigung sein. Entweder die ganze Kirche oder gar nicht. Das ist der nicht gerade geringe Anspruch dieses Schreibens.«[186] Aber auch eine ungeahnte Ermutigung für das Glaubensvolk, so möchte man ergänzen.

Aufbruch ist dabei eines der Lieblingswörter von Papst Franziskus, er plädiert sogar für eine »ständige Haltung des Aufbruchs« (EG 27):

Die Seelsorge unter missionarischem Gesichtspunkt verlangt, das bequeme pastorale Kriterium des »Es wurde immer so gemacht« aufzugeben. Ich lade alle ein, wagemutig und kreativ zu sein in dieser Aufgabe die Ziele, die Strukturen, den Stil und die Evangelisierungsmethoden der eigenen Gemeinden zu überdenken. Eine Bestimmung der Ziele ohne eine angemessene gemeinschaftliche Suche nach den Mitteln, um sie zu erreichen, ist dazu verurteilt, sich als bloße Fantasie zu erweisen. Ich rufe alle auf, großherzig und mutig die Anregungen dieses Dokumentes aufzugreifen, ohne Beschränkungen und Ängste (EG 33).

Der Heilige Geist als Protagonist

Michael Meiers Rückblick auf die ersten Monate des Pontifikats hat eine Reihe struktureller Reformakzente bereits genannt. Kein Papst seit dem Zweiten Vatikanischen Konzil hat den Reformbedarf der katholischen Kirche derart deutlich unterstrichen: eine »ständige Reform ... aus Treue zu Jesus Christus« (EG 26). Keiner seiner Vorgänger hatte den Mut, die vom Konzil geforderte Reform der Römischen Kurie anzupacken. Franziskus tut es und stützt sich dabei klug auf einen Kardinalsrat, der von der italienischen Presse als »G8« bezeichnet und Ende September 2013 zur festen Einrichtung gemacht wird.[187] Diese Reform schließe auch »eine Neuausrichtung des Papsttums« ein, einen Abbau der »übertriebenen Zentralisierung« und mehr Vertrauen der Zentrale in die Bischofskonferenzen (EG 32).

Wie sehr der Papst mit Franz von Assisi auf das Wirken des Heiligen Geistes vertraut, der »immer und überall« und in allen Gläubigen tätig ist, zeigen seine Katechesen. So sagte er bereits am 22. Mai 2013 auf dem Petersplatz vor Tausenden und via Social Media in alle Welt: »Erneuern wir jeden Tag unser Vertrauen in das Wirken des Heiligen Geistes, lassen wir uns von Ihm führen, seien wir Frauen und Männer des Gebetes, die mit Mut die Frohe Botschaft verkünden, und werden wir so in unserer Welt Werkzeuge der Einheit und Gemeinschaft mit Gott.«[188] Weil »der Heilige Geist der Protagonist« der Evangelisierung und der Erweckung ist (EG 122), vertraut der Papst in der Erneuerung der Kirche auf jeden Menschen im Gottesvolk.

Amtsträger, die sich über Laien erheben, provoziert er mit Aussagen wie der folgenden, die im Herbst durch die Agenturen geht: »Wenn ich einen Klerikalen vor mir habe, werde ich mit einem Schlag antiklerikal. Klerikalismus sollte nichts mit dem Christentum zu tun haben.«[189] Von einigen inzwischen gefürchtet, werden die päpstlichen Kurzpredigten in der Morgenmesse im vatikanischen Gästehaus bisweilen ungemein scharf. Ob Bergoglio für sein eigenes Tun Mut fasst, wenn er sich unbeirrt an Jesus orientiert und sich dabei wachsendem Widerstand moderner Pharisäer aussetzt? So sagt er in der Messe am 16. Dezember 2013:

> Wenn es im Volk Gottes keine prophetischen Worte gibt, dann wird diese Leere durch Klerikalismus gefüllt: Gerade dieser Klerikalismus der Pharisäer fragte Jesus, welche Vollmacht er habe, um seine Taten zu tun ... Wenn es in der Kirche keine Prophetie gibt, dann fehlt auch der lebendige Gott, und die Kirche wird zu einer klerikalen Institution ... Alle Getauften sind Propheten. Herr, lass niemals dein Versprechen in Vergessenheit geraten! Lass uns niemals müde werden, vorwärtszugehen! Gib, dass

wir uns niemals nur auf das Gesetz beschränken! Herr,
befreie dein Volk vom Geiste des Klerikalismus und hilf
uns durch den Geist prophetischer Worte.[190]

Franziskus setzt auf die Breitenwirkung solcher Impulse aus
dem Evangelium, die ins Leben und in die Kirche hineinspre-
chen, und auf die Kraft des Geistes. Zugleich setzt er ebenso
zielstrebig wie umsichtig institutionell an. Der Umbau der Kurie, der der Papst schlankere Strukturen, mehr Zusammenarbeit, einen größeren Einfluss der Laien und eine kollegialere
Ausrichtung auf die Weltkirche verschreibt, geht vom Kardinalsrat begleitet schrittweise voran.[191]

Michael Meiers oben zitierte Analyse urteilt kurz vor dem Er-
scheinen von *Evangelii gaudium* im November 2013. Das darin skizzierte Regierungsprogramm »krempelt die Kirche um«,
schreibt *Die Welt*,[192] und Thomas Schmid betitelt seinen Kommentar dazu mit »Papst Reformator«. Die *Süddeutsche Zeitung* spricht von »Revolution im Vatikan«,[193] die *Frankfurter
Rundschau* verkündet: »Franziskus macht ernst« – mit *Evangelii gaudium* »wird er seinem Ruf als radikaler Erneuerer der
Kirche gerecht«.[194] Die *Frankfurter Allgemeine Zeitung* sieht
den Papst ohne Illusionen, was die »Tragweite seiner Kritik an
vielen Erscheinungsformen des Lebens der Kirche« betreffe:
Seine programmatischen Worte würden »zu einschneidenden
Konsequenzen führen, vor allem für die Kirchenverfassung
und die Praxis der Seelsorge«.[195] »Die franziskanische Wende
nimmt Gestalt an«, titelt ein ausführlicher Kommentar in der
liberal-evangelisch ausgerichteten *Neuen Zürcher Zeitung*.[196]

Eine Wende könnte dies werden, weil die Gläubigen als Schwestern und Brüder gefragt sind oder – um einen theologischen

Begriff zu nennen, den Papst Franziskus wieder neu ins Spiel bringt und so liebenswürdig als »eigenen Spürsinn einer Herde« oder »Instinkt des Glaubens« bezeichnet – weil der *sensus fidelium,* der Glaubenssinn aller Gläubigen, wieder eine Rolle spielen darf. Dass Papst Franziskus sich dabei selbst so wagemutig zeigt, wie er es sich von den Gläubigen erhofft, zeigt die Formulierung aus *Evangelii gaudium,* die mittlerweile zum oft zitierten Bild avanciert ist: Er hat keine Angst vor einer »verbeulten Kirche«, einer Kirche, »die verletzt und beschmutzt ist, weil sie auf die Straßen hinausgegangen ist« (EG 49).

Papst Franziskus ist von der Kirche Lateinamerikas geprägt. In der gelebten Option für die Armen wie auch im Dokument von Aparecida atmet der Geist, der auch Franz von Assisi bewegte – ein Geist, der sich mit den Strukturen einer mächtig-reichen Kirche schwertut.
© Bruder Michael Blasek OFM
Quelle: Missionszeitschrift der Deutschen Franziskanerprovinz

»wo auch immer auf Erden« Vielfalt der Ortskirchen

»Ihr wisst, es war die Aufgabe des Konklaves, Rom einen Bischof zu geben. Es scheint, meine Mitbrüder, die Kardinäle, sind fast bis ans Ende der Welt gegangen, um ihn zu holen …«[197] Diese verschmitzte Bemerkung von Papst Franziskus vor der Weltöffentlichkeit am Abend seiner Wahl kündigt einen Perspektivenwechsel an: Der neue Papst kommt nicht aus Rom und nicht aus Europa, sondern aus einer Ortskirche der südlichen Welt. Er bringt seine lateinamerikanische Erfahrung ins Zentrum der Weltkirche und fordert von der ersten Stunde an eine Römische Kurie heraus, mit der er seit Jahren Konflikte ausgetragen hat.[198]

Ein Bischof vom Ende der Welt

Als Primas von Argentinien hatte Jorge Mario Bergoglio sich für mehr Eigenständigkeit der lateinamerikanischen Kirche engagiert, als Papst setzt er sich entschieden für eine Dezentralisation der Kirche ein: Die Fünfte Generalversammlung der Bischöfe Lateinamerikas und der Karibik, die (im Gefolge der bedeutenden Versammlungen von Medellín 1968 und Puebla 1979) im Mai 2007 in Aparecida tagte und deren Schlussdokument unter seiner Leitung redigiert worden ist, wird in der Regierungserklärung des Papstes auffallend oft zitiert.[199] Ebenso pointiert zu Wort kommen in *Evangelii gaudium* – ein Novum in Apostolischen Schreiben – wichtige Grundsatzpapiere nationaler Bischofskonferenzen zu delikaten Fragen: die brasilianischen Bischöfe zur Option für die Armen (EG 191), die US-amerikanischen zur Frage der Homosexualität (EG 64) und des politischen Engagements (EG 220), die französischen zu gleichgeschlechtlichen Ehen (EG 66) und zur Verantwortung der Politik (EG 205), die philippinischen Bischöfe zur Ökologie (EG 215), die indischen zum interreligiösen Dialog (EG 250), die kongolesischen zur Förderung des Friedens zwischen Ethnien (EG 230) und die Bischofssynode für Europa zur Erlahmung der Kirche (EG 275) sowie die Katholische Aktion Italiens zur Bedeutung der Laien (EG 77).

Benedikt XVI. hatte als Theologieprofessor in Deutschland beklagt, dass die katholische Kirche ihre Vielfalt seit dem karolingischen Mittelalter zunehmend dadurch verloren hat, dass ihre Einheit in Vereinheitlichung gesucht wurde und Rom seine Formen den anderen Ortskirchen auferlegte. Joseph Ratzingers Befund von 1969 lässt aufhorchen und scheint von ihm selbst nach seinem Wechsel nach Rom immer mehr vergessen worden zu sein:

>»Der enge Anschluss an die Formen und Gebräuche der Ortskirche von Rom« führte seit dem Mittelalter dazu, »dass es zusehends keinen Plural von *ecclesiae* mehr gibt, sondern die Stadtgemeinde von Rom den ganzen lateinischen *orbis* in den kleinen Raum ihrer *urbs* einverleibt:

Der ganze Westen ist gleichsam nur noch eine einzige Ortsgemeinde und beginnt immer mehr die alte Struktur der Einheit in Vielfalt zu verlieren ...«[200] »Kollegialität‹ ist ... nicht nur eine Aussage über das Wesen des bischöflichen Amtes, sondern ... bedeutet, dass sich die eine Kirche aus der Kommunion der vielen Ortskirchen miteinander auferbaut und ... dass kirchliche Einheit wesensnotwendig das Moment der Vielheit und Fülle einschließt. Das ist im Prinzip immer gewusst, in der Praxis aber nicht allezeit genügend respektiert worden.«[201]

Demokratisch und dezentral

Sieht Joseph Ratzinger die Zentralisierung und Vereinheitlichung der Weltkirche nach römischem Modell zu Recht im Mittelalter einsetzen, so lässt sich die franziskanische Bewegung als zeitgleiche Gegenkraft nennen, die in der hierarchischen und zentralistischen Kirchenmonarchie ein dezentrales Modell vielfältiger Provinzen mit eigenständiger Kultur und demokratischer Struktur entwickelte. 1221 schrieb der Kardinal und Historiker Jacques de Vitry in seiner *Abendländischen Geschichte*, die Minderbrüder seien zum vierten großen Orden der Kirche geworden. Sie seien »leidenschaftlich darauf bedacht, aus den reinen Quellwassern des Evangeliums zu schöpfen und den religiösen Ernst, die Armut und Demut der Urkirche in ihrer Lebensweise sorgfältig zu erneuern«: Der französische Kreuzfahrerbischof, von Honorius III. in Perugia geweiht, zeigte sich fasziniert vom Profil des jungen Ordens, der sich anders als die *ordines* der Mönche, der Eremiten und der Kanoniker weltweit geschwisterlich und demokratisch organisierte:

In bewusster Nachahmung der Lebensweise der Apostel beschränken sie sich nicht auf die Erfüllung der evangelischen Gebote, sondern befolgen auch die evangelischen Räte, indem sie auf ihren ganzen Besitz verzichten ... und nackt dem Nackten [Christus] nachfolgen. Der Herr Papst hat ihre Regel bestätigt und ihnen die Vollmacht erteilt, in allen Kirchen, wohin sie kommen, zu predigen ... Diese »Armen Christi« nehmen weder eine Vorratstasche mit auf den Weg noch etwas zu essen, weder Geldbeutel noch Geld noch Münzen; sie besitzen weder Gold noch Silber und tragen auch keine Schuhe an den Füßen ... Die Brüder haben auch keine Klöster und Kirchen, keine Äcker und Weinberge, keine Tiere und weder Häuser noch sonstigen Besitz. Sie haben wirklich nichts, ›wohin sie ihr Haupt legen könnten‹ [Mt 8] ... Ein- oder zweimal im Jahr kommen sie zur festgesetzten Zeit an einem bestimmten Ort zusammen und feiern ihr Generalkapitel. Von dieser Zusammenkunft sind allein die ausgenommen, welche jenseits des Meeres sich aufhalten oder durch allzu große Entfernung verhindert sind. Nach dem Kapitel werden sie von ihrem Oberen wiederum in Gruppen zu zweien oder zu mehreren in die verschiedenen Gegenden, Provinzen und Städte geschickt ... In kurzer Zeit haben sie sich so stark vermehrt, dass es in der Christenheit kaum noch eine Gegend gibt, in der sich nicht einige Brüder aufhalten ... Denn sie verwehren niemandem, welchen Standes er auch sei, den Eintritt in ihren Orden ... Nicht nur die Christgläubigen, sogar Sarazenen und in der Dunkelheit des Unglaubens Befangene bewundern die Demut und Vollkommenheit der Brüder ..., nehmen sie dann bereitwillig auf und versorgen sie voll Dankbarkeit mit allem Notwendigen ... Dies ist der nachahmenswerte Orden apostolischer Männer.[202]

Sieben Jahre nachdem die ersten zwölf Gefährten in Rom vor Papst Innozenz III. standen, zählte ihre Bewegung bereits über tausend Brüder. Sie verbreiteten sich derart schnell über ganz Italien, dass die Pfingstversammlung von 1217 die Bewegung in Provinzen aufteilte. Zwischen Mailand und Messina wurden sechs Großregionen umrissen, in denen die Brüder von einem Provinzialminister koordiniert wurden, ihre eigenen Provinzkapitel feierten und ihre Tätigkeiten selber bestimmten. Zugleich beschloss dasselbe Generalkapitel eine erste Ausbreitung über die Alpen und über das Mittelmeer: Expeditionen wurden nach Frankreich und ins deutschsprachige Mitteleuropa, nach Spanien und ins Heilige Land entsandt. Expansion und Organisation markieren eine erste Schwelle, welche die *fraternitas* der Anfänge zu einem kirchlichen Orden werden ließ. Er entfaltete sich fortan »dezentral«: Die entstehende Regel garantierte eine gemeinsame Grundordnung, jede Provinz aber entwickelte ihre eigene Lebenskultur und Politik.[203] Bereits in den Zwanzigerjahren fasste der Orden in England Fuß und sandte Brüder bis nach Skandinavien und Ungarn. Nach 1230 entstanden Provinzen von Irland bis Dalmatien.

Der Orden bewies dabei in einer monarchisch verfassten Kirche, dass der Heilige Geist auch in geschwisterlich-demokratischen Strukturen wirken kann. Bis heute werden die Verantwortlichen von Delegierten demokratisch gewählt, legen dem Wahlgremium Rechenschaft ab, treten nach ihrer Amtszeit wieder in die Reihe der Brüder oder Schwestern zurück und können auch abgewählt werden. Letzteres geschah erstmals bereits 1239 mit dem Generalminister Elia, der den gesamten Orden sieben Jahre lang geleitet und zunehmend autoritäre Züge entwickelt hatte. Sein Sturz wurde von der Opposition aus den Provinzen in Frankreich und England betrieben. Ab 1240 traten auch die Generalkapitel, die höchste Instanz des

Ordens, zeichenhaft meist nicht in Assisi oder in Rom zusammen, sondern außerhalb der Zentren von Weltkirche und Brüderorden. Die Tagungsorte alternierten zwischen Italien und den nördlichen Provinzen. Unter ihnen überraschen Paris, Lyon und Straßburg umso mehr, als die Brüder die Seewege benutzen durften, darüber hinaus aber zu Fuß zu den Versammlungen kamen: von Irland bis Syrien und von Sizilien bis Ungarn.

Die Ordensregel, die von Brüdern aus allen Provinzen Europas 1223 verabschiedet wurde, ist sich bewusst, dass die innere Einheit des Ordens nicht Einheitlichkeit bedeutet. Nur das Grundlegende wird für alle gemeinsam geregelt, die praktische Ausgestaltung des Lebens soll aber »*je nach Ort und Zeit und kalten Gegenden*« unterschiedlich geschehen, »*so wie die Brüder nach ihrer Ansicht*« den Erfordernissen am besten begegnen können.[204] – Heute gliedert sich der Orden der Minderbrüder in drei selbstständige und gleichberechtigte Zweige. Die Franziskaner zählen weltweit ca. 15.000, die Kapuziner 11.000 und die Minoriten 4500 Brüder. Die Versammlung delegierter Brüder aus allen Provinzen ist die höchste Instanz der Orden, die Amtsdauer der demokratisch gewählten Generalminister ist beschränkt, und die Struktur des Ordens spiegelt sich in der Zusammensetzung der Leitung: Die Mehrheit der Generalräte stammt heute aus Asien, Afrika und Südamerika.

Die brüderlich-demokratische Kultur des Franziskusordens kann eine Reform der monarchischen Kirche darin ermutigen, durch verstärkte Dezentralisierung Vertrauen in die jüngeren Ortskirchen zu setzen und deren Leitung nicht von außen zu bestimmen, sondern intern wählen zu lassen. Repräsentative

Leitungsgremien in Orts- und Weltkirche versprechen zudem die nach wie vor bestehende Eurozentrik und Fixierung auf Rom zu überwinden. Papst Franziskus unterstreicht in seiner »Regierungserklärung« die Dringlichkeit einer Dezentralisierung und einer Aufwertung der Ortskirchen:

> Ich glaube auch nicht, dass man vom päpstlichen Lehramt eine endgültige oder vollständige Aussage zu allen Fragen erwarten muss, welche die Kirche und die Welt betreffen. Es ist nicht angebracht, dass der Papst die örtlichen Bischöfe in der Bewertung aller Problemkreise ersetzt, die in ihren Gebieten auftauchen. In diesem Sinn spüre ich die Notwendigkeit, in einer heilsamen »Dezentralisierung« voranzuschreiten (EG 16).
> Jede Teilkirche ist als Teil der katholischen Kirche unter der Leitung ihres Bischofs ... der wichtigste Träger der Evangelisierung, insofern sie der konkrete Ausdruck der einen Kirche an einem Ort der Welt ist ... Es ist die Kirche, die in einem bestimmten Raum Gestalt annimmt, mit allen von Christus geschenkten Heilsmitteln versehen ist, zugleich jedoch ein lokales Angesicht trägt (EG 30).
> Der Bischof muss immer das missionarische Miteinander in seiner Diözese fördern, indem er das Ideal der ersten christlichen Gemeinden verfolgt ... Darum wird er sich bisweilen an die Spitze stellen, um den Weg anzuzeigen ... und bei einigen Gelegenheiten wird er hinter dem Volk hergehen ..., weil die Herde selbst ihren Spürsinn besitzt, um neue Wege zu finden (EG 31).

Auch die erste Erneuerung des Kardinalskollegiums spiegelt die Stärkung der jungen Ortskirchen gegenüber den alten Kirchen des Nordens und der römischen Zentrale. Von den am 22. Februar 2014 kreierten 16 wahlberechtigten Kardinälen sind drei Viertel Ortsbischöfe, die Mehrheit »von der Südhalb-

Bischof Franz-Peter Tebartz-van Elst und Papst Franziskus
Karikatur aus dem Zürcher Tagesanzeiger, November 2013
© Tamedia Zürich

kugel der Welt«,[205] nämlich nur drei aus Europa und Nord-
amerika, fünf aus Mittel- und Südamerika, je zwei aus Afrika
und Asien.

Das neue Verständnis von Kollegialität unter Aufwertung der
Ortskirchen lässt es nicht mehr zu, dass Bischöfe vorschnell
Rückendeckung beim Papst finden, wenn sie mit ihrer eigenen Diözese in Konflikt geraten. Im »Fall Limburg« lässt Franziskus das Bistum selbst und die deutsche Bischofskonferenz
Klarheit schaffen: Weder voreilige Unterstützung für Bischof
Franz-Peter Tebartz-van Elst noch eine vorschnelle Verurtei-
lung scheinen Franziskus vor Abschluss der Untersuchungen
angezeigt.

Der Papst ist sich bewusst, dass eine Aufwertung und freiere Entfaltung der Ortskirchen einhergehen muss mit einer Reform des Papsttums und der Überwindung des römischen Zentralismus. Dem Kardinalsrat zur Reform der Kirche gibt der Papst den Auftrag, die »horizontalen Strukturen« zu stärken.[206] *Evangelii gaudium* sendet denn auch entsprechende Signale an die Kollegen im Bischofsamt und die anderen Kirchen:

> Da ich berufen bin, selbst zu leben, was ich von den anderen verlange, muss ich auch an eine Neuausrichtung des Papsttums denken. Meine Aufgabe als Bischof von Rom ist es, offen zu bleiben für die Vorschläge, die darauf ausgerichtet sind, dass eine Ausübung meines Amtes der Bedeutung, die Jesus Christus ihm geben wollte, treuer ist … Auch das Papsttum und die zentralen Strukturen der Universalkirche haben es nötig, dem Aufruf zu einer pastoralen Umkehr zu folgen. Das Zweite Vatikanische Konzil sagte, dass … »die Bischofskonferenzen vielfältige und fruchtbare Hilfe leisten [können], um die kollegiale Gesinnung zu konkreter Verwirklichung zu führen« … als Subjekte mit konkreten Kompetenzbereichen …, auch einschließlich einer gewissen authentischen Lehrautorität. Eine übertriebene Zentralisierung kompliziert das Leben der Kirche und ihre missionarische Dynamik, anstatt ihr zu helfen (EG 32).

Anders als Joseph Ratzinger bewertet der erste lateinamerikanische Papst denn auch Theologien von unten bedeutend positiver. Bekämpfte der deutsche Glaubenswächter und Papst die südamerikanische Befreiungstheologie, so empfängt sein Nachfolger Gustavo Gutiérrez, der dieser Theologie den Namen gab, im Herbst 2013 demonstrativ im Vatikan.[207] Papst Franziskus kann sich von der 800-jährigen Erfahrung des

Franziskusordens bestärken lassen in seinem Vertrauen auf eine mutigere Inkulturation:

> In den christlichen Ausdrucksformen eines evangeli-
> sierten Volkes verschönert der Heilige Geist die Kirche,
> indem er ihr neue Aspekte der Offenbarung zeigt und ihr
> ein neues Gesicht schenkt ... Wenn sie richtig verstanden
> wird, bedroht die kulturelle Verschiedenheit die Einheit
> der Kirche nicht ... Der Heilige Geist ist derjenige, der
> einen vielfältigen und verschiedenartigen Reichtum der
> Gaben hervorruft und zugleich eine Einheit aufbaut, die
> niemals Einförmigkeit ist, sondern vielgestaltige Harmo-
> nie, die anzieht ... Es würde der Logik der Inkarnation
> nicht gerecht, an ein monokulturelles und eintöniges
> Christentum zu denken (EG 116–117).

> Wir können nicht verlangen, dass alle Völker aller Kon-
> tinente in ihrem Ausdruck des christlichen Glaubens die
> Modalitäten nachahmen, die die europäischen Völker
> zu einem bestimmten Zeitpunkt der Geschichte ange-
> nommen haben ... Es ist unbestreitbar, dass eine einzige
> Kultur das Erlösungsgeheimnis Christi nicht erschöpfend
> darstellt (EG 118).

Mit Franz von Assisi und dem letzten Konzil vertraut das programmatische Schreiben des Papstes denn auch auf das Wirken des Heiligen Geistes in jedem Gläubigen – die Kraft, die
Franziskus den wahren »Generalminister des Ordens« nennt:

> In allen Getauften, vom ersten bis zum letzten, wirkt die
> heiligende Kraft des Geistes, die zur Evangelisierung
> drängt ... Der Geist leitet es in der Wahrheit und führt
> es zum Heil. Als Teil seines Geheimnisses der Liebe zur
> Menschheit begabt Gott die Gesamtheit der Gläubigen

mit einem *Instinkt des Glaubens* – dem *sensus fidei* –, der ihnen hilft, das zu unterscheiden, was wirklich von Gott kommt (EG 119).

Himmlische Demokratie?

Dass Papst Franziskus es ernst meint und seine Hirten wirklich ermutigen will, den »Spürsinn ihrer Herden« (EG 31) nicht nur zu erkunden, sondern auch ins Spiel zu bringen, zeigt die Vorbereitung zur dritten außerordentlichen Bischofssynode im Oktober 2014 zum Thema »Familienpastoral«. Hinter dieser zunächst harmlos anmutenden Kategorie verbergen sich nicht nur die heißen Eisen der kirchlichen Sexualmoral und Ehelehre, sondern auch viele Themen, die Menschen rund um den Globus angehen: Liebe, Sexualität, Familie, das Zusammenleben zwischen den Geschlechtern und Generationen. Es sind nicht unmittelbar Glaubensfragen, die da im Zentrum stehen, sondern Fragen nach menschlicher Lebensgestaltung. Gerade an ihnen erweist und erprobt sich der »Instinkt des Glaubens«.

Es ist kein Geheimnis, dass viele – auch viele Katholikinnen und Katholiken – auf diesem Gebiet der offiziell verfassten Kirche wenig zutrauen. Noch unter dem Pontifikat Benedikts XVI. brachte die chilenische Schriftstellerin Isabel Allende dies für ihr Land auf den Punkt:

> In Chile wimmelt es von Heiligen jedweder Couleur, was einen nicht wundern muss im katholischsten Land der Welt, das katholischer ist als Irland und gewiss viel katholischer als der Vatikan ... Die Kirchen füllen sich

an Sonntagen und der Papst wird verehrt, auch wenn ihm beim Thema Empfängnisverhütung kaum jemand Beachtung schenkt, weil man davon ausgeht, dass ein im Zölibat lebender Greis, der sich nicht um seinen Lebensunterhalt kümmern muss, in einer solch delikaten Angelegenheit kein Fachmann sein kann.[208]

Dieser Entfremdung zwischen der kirchlichen Lehre und den Erfahrungen der Menschen will Lorenzo Baldisseri, der im September 2013 ernannte Generalsekretär dieser Bischofssynode, auf die Spur kommen und damit »den neuen Stil der Annäherung«[209] pflegen, den Papst Franziskus begonnen hat. Im November 2013 wird an alle Ortskirchen ein Fragebogen versandt, um »den Puls der Zeit zu messen«. Neu ist ein solches Vorgehen nicht: Im Vorfeld von Bischofssynoden wurden schon früher Umfragen gestartet. Neu ist, dass es diesmal ausdrücklich bis an die Basis gehen soll – überall auf der Welt: »Wir müssen zuerst einmal den Katholiken aller Kontinente zuhören.«[210] Neu ist auch, dass die Basis diese Botschaft tatsächlich vernimmt. Die Medien schüren Erwartungen, die Gläubigen fragen in ihren einzelnen Diözesen und via Internet nach. Sie tun es so deutlich, dass einzelne nationale Bischofskonferenzen kaum Schritt halten. Der Generalsekretär muss nachlegen: »Der Papst will, dass eine Erneuerung stattfindet ... [Ich] werde einen persönlichen Brief an alle Ortsbischöfe verschicken, es sind fast 3000, weil ich mir noch nicht ganz sicher bin, dass der Impuls des Briefes, den wir bereits verschickt haben, von den Bischofskonferenzen verstanden wurde.«[211] Es soll also tatsächlich bis in die Gemeinden hinein nachgefragt werden.

In den Formulierungen der umfangreichen Fragen zeigt sich allerdings schon jener tiefe Graben zwischen kirchlicher Lehre und Alltagswirklichkeit der Menschen. Die kuriale Sprache ist nicht ohne Weiteres verständlich und war vermutlich zunächst auch gar nicht für »alle Welt« bestimmt. Die *Süddeutsche Zeitung* sieht in der überraschenden Veröffentlichung gar einen »Akt päpstlich approbierter Anarchie ...: Fragt doch auch die Gläubigen, hat Franziskus gebetet, und dann standen die Fragen im Internet.«[212] Engagierte Menschen wissen sich zu helfen, und so wird der Fragebogen kurzerhand »übersetzt« – zur Empörung der einen und zur Freude der anderen. Eine Version für junge Menschen stellt in Deutschland der Bund der Katholischen Jugend (BDKJ) Ende November ins Netz und wirbt leidenschaftlich für die Teilnahme: »Kirche muss sich damit auseinandersetzen, dass ihre Lehre häufig nicht mehr dem entspricht, was die Gläubigen in ihrem Alltag erleben. Wir freuen uns, dass jetzt wirkliches Interesse dafür wahrnehmbar wird. In der übersetzten Form ist die Umfrage nun ein echtes Partizipationsangebot für junge Menschen«, erklärt Martin Helfrich, Diözesanvorsitzender des BDKJ im Erzbistum Hamburg.[213]

Auch wenn das Anliegen nicht ganz so demokratisch ist, wie viele es sich wünschen und andere es anprangern, zeigt allein die Erfahrung, gefragt zu werden, eine erstaunliche Wirkung. Noch geht es zwar um die Akzeptanz der kirchlichen Lehre und nicht um ihre Bewertung – insofern klingt die begleitende Schlagzeile der deutschen Wochenzeitung *Die Zeit* zu hoch gegriffen: »Himmlische Demokratie«[214] findet hier nicht statt, wohl aber eine neue Wahrnehmung – auf beiden Seiten. Rom will die Wirklichkeit zur Kenntnis nehmen, und die Gläubigen horchen auf. Und sie beteiligen sich rege. In den Seelsorgeämtern weiß man die Erhebung für das künftige pastorale Handeln bereits zu schätzen; der BDKJ kann beispielsweise berichten:

> An der Umfrage, die drei Wochen lang online war, haben sich fast 10 000 Menschen beteiligt. Der BDKJ registriert diese hohe Beteiligung mit Freude, zeigt sie doch, dass viele Menschen antworten, wenn sie von der Kirche nach ihrer Meinung gefragt werden. Zwar ist die Zahl derjenigen, die einzelnen Aspekten der kirchlichen Lehre kritisch gegenüberstehen, hoch, aber die Kirche ist denen, die sich hier kritisch positionieren, nicht gleichgültig. Dieses Interesse und die Bereitschaft, sich zu äußern, bewertet der BDKJ ausgesprochen positiv.[215]

»Nun wird die Zerrissenheit der Kirche amtlich festgestellt«,[216] beschreibt der Kommentar des *Spiegel* nach der gesamtdeutschen Auswertung Ende Januar 2014 die Situation. Doch das ist nur die eine Seite der Wahrheit. Die andere ist: Allein das Prozedere hat eine Annäherung in Gang gesetzt. Und die ist auch dringend vonnöten, denn der Befund wirft eine bedrängende Grundfrage auf, die nur vereint gelöst werden kann. Der Präsident der Schweizer Bischofskonferenz bezeichnet die Feststellung einer tiefen Kluft zwischen traditioneller Lehre und moderner Realität als »Paukenschlag«[217], und deutsche Pressestimmen sprechen von einer »dramatischen Eindeutigkeit«[218]. Das Dilemma zeigt sich in ganz Europa ähnlich und wird von einer Zürcher Publizistin in markante Worte gefasst:

> Die auf Initiative des Vatikans lancierte Umfrage zu Ehe und Familie hat es an den Tag gebracht: Die kirchliche Lehre stößt bei der Basis, zumindest in unseren Breiten, auf taube Ohren … Seit Ende Jahr liegen die Ergebnisse

vor, die nun zuhanden der Bischofssynode vom Oktober 2014 nach Rom weitergeleitet werden sollen. Für die Hüter der Tradition sind sie niederschmetternd: Das Leben ohne Trauschein ist allgemein verbreitete Praxis. Das Verbot künstlicher Empfängnisverhütung wird kaum mehr beachtet. Für den Ausschluss wieder verheirateter Geschiedener von den Sakramenten fehlt das Verständnis. Die Ablehnung gleichgeschlechtlicher Partnerschaften ist im Schwinden begriffen. Wen wundert's? Doch die Frage stellt sich, was der Vatikan mit diesem Befund anfängt. Wird er die Lehre der Realität anpassen oder versuchen, die Realität der Lehre zu unterwerfen? Das eine ist so unwahrscheinlich wie das andere.[219]

»Kirche ist keine Demokratie«, bemerkt Evelyn Finger zur Umfrage und den vielfältigen Reaktionen. »Aber Kirche in der Demokratie muss überzeugen. Sie kann ihre Mitglieder nicht beherrschen, sondern nur mit ihnen gemeinsam das Grundgebot der Nächstenliebe verteidigen. Die Nächstenliebe ist eng verwandt mit dem demokratischen Ideal, das die Freiheit des einen Menschen mit der Rücksicht auf die Freiheit des anderen verbindet.«[220]

Inspirierte Freiheit

Auch auf diesem Gebiet kann die breite franziskanisch-klarianische Bewegung Zeichen der Ermutigung setzen: Menschen verschiedenster Lebensformen und beiderlei Geschlechtes »gefallen« Gott und folgen Christus auf je eigene Weise. So sehen wir es auf der Ur-Ikone, dem Kreuz von San Damiano, das verschiedene Wege der Nachfolge Jesu gleichwertig und geschwisterlich vereint. So hören wir es im schon erwähnten

Brief des Franziskus an seinen Gefährten Bruder Leo, der nicht auf Normen verpflichtet, sondern an die Fantasie der eigenen Liebe erinnert wird. Und Klara vertraut darauf – so heißt es im ebenfalls bereits zitierten Schreiben an ihre Mitschwester in Prag –, dass wir einander in der Nachfolge Christi wunderbar ergänzen. Kirchliche Lehre und menschliche Realität werden gemeinsam an die Praxis und das Evangelium Jesu erinnert. Jeder Mensch kann »göttlich inspiriert« zunächst mit der Freiheit von Töchtern und Söhnen Gottes in den Fußspuren Jesu leben und sein Evangelium im Hören geschwisterlich und zu deuten suchen.

Inspirierte Freiheit in Geschwisterlichkeit lässt sich nicht nur individual- und sozialethisch, innerkirchlich und ökumenisch leben, sondern auch im Dialog mit allen Menschen guten Willens. Papst Franziskus versteht sich weit über seine Kirche und die Ökumene hinaus als Brückenbauer, der auf einen hörenden Dialog setzt.

»von Gott inspiriert«
Im Dialog mit Welt
und Politik

Den aller Welt vertrauten und doch für einen Papst so gänz-
lich neuen Namen Franziskus deutet Jorge Mario Bergoglio
zu Beginn seines Pontifikats im Sinn einer weltweiten Friedenssendung: »Franz von Assisi ist für mich der Mann der
Armut, der Mann des Friedens, der Mann, der die Schöpfung
liebt.«[221] Sowohl dieser Name wie auch sein Amt verpflichten
den Papst zum Brückenbau – in alle Richtungen: »Jesu Lie-
besgebot schließt alle Dimensionen des Daseins ein, alle Menschen, alle Milieus und alle Völker« (EG 181), zitiert er das
Schlussdokument der lateinamerikanischen und karibischen
Bischöfe von Aparecida in *Evangelii gaudium*.

Der Brückenbauer

Bereits bei seinem ersten Empfang für das beim Heiligen Stuhl
akkreditierte Diplomatische Korps verdeutlicht der neue Petrusnachfolger seinen sozialen, politischen und ökologischen
Auftrag. Dieser liege im Aufbau einer menschlicheren und
universal geschwisterlichen Welt:

Wie Sie wissen, gibt es mehrere Gründe, warum ich bei der Wahl meines Namens an Franziskus von Assisi gedacht habe – eine Persönlichkeit, die über die Grenzen Italiens und Europas hinaus und auch bei denen, die nicht den katholischen Glauben bekennen, wohlbekannt ist. Einer der ersten Gründe ist *die Liebe, die Franziskus zu den Armen* hatte. Wie viele Arme gibt es noch in der Welt! Und welchen Leiden sind diese Menschen ausgesetzt! Nach dem Beispiel des heiligen Franziskus von Assisi hat die Kirche immer versucht, sich in jedem Winkel der Erde um die Notleidenden zu kümmern, sie zu behüten, und ich denke, dass Sie in vielen Ihrer Länder das großherzige Wirken jener Christen feststellen können, die … daran arbeiten, menschlichere und gerechtere Gesellschaften aufzubauen …

Einer der Titel des Bischofs von Rom ist *Pontifex*, das heißt Brückenbauer – Brücken zu Gott und zwischen den Menschen. Ich wünsche mir wirklich, dass der Dialog zwischen uns dazu beiträgt, Brücken zwischen allen Menschen zu bauen, so dass jeder im anderen nicht einen Feind, einen Konkurrenten sieht, sondern einen Bruder [und eine Schwester], die er annehmen und umarmen soll! Außerdem drängt mich meine eigene Herkunft dazu, Brücken zu bauen. Wie Sie wissen, kommt ja meine Familie aus Italien; und so ist in mir stets dieser Dialog zwischen Orten und Kulturen lebendig, die voneinander entfernt sind, zwischen dem einen und dem anderen Ende der Erde, die heute einander immer näher rücken, voneinander abhängig sind, es nötig haben, einander zu begegnen und wirkliche Räume echten Miteinanders zu schaffen … Man kann nämlich keine Brücken zwischen den Menschen bauen, wenn man Gott vergisst. Doch es gilt auch das Gegenteil: Man kann keine wahre Verbindung zu Gott haben, wenn man die anderen ignoriert. Darum ist es wichtig, den Dialog zwischen den verschiedenen Religionen zu verstärken … Die materielle wie die geistliche Armut bekämpfen, *Frieden schaffen und Brücken bauen* – das sind gleichsam die Bezugspunkte eines Weges, den mitzugehen ich jedes der Länder, die Sie vertreten, einlade. Das ist jedoch ein schwieriger Weg, wenn wir nicht immer mehr lernen, diese unsere Erde zu lieben. Auch in diesem Fall hilft es mir, an den Namen *Franziskus* zu denken, der eine *tiefgreifende Achtung gegenüber der gesamten Schöpfung* und die Bewahrung dieser unserer Umwelt lehrt, die wir leider allzu oft nicht zum Guten gebrauchen, sondern sie gierig ausbeuten zum gegenseitigen Schaden.[222]

Franz von Assisi wird in dieser Rede an die Botschafter aller Länder gleich mehrfach zum Vorbild erklärt: Über die katholische Kirche hinaus sei er »wohlbekannt« als Freund der Armen, als Bruder mit einem geschwisterlichen Menschenbild, ökologisch achtsam und als Prophet der Religionen, die sich auf höchster Ebene in Assisi treffen.[223] Der Poverello ist als neuer Apostel Jesu auch ein Brückenbauer zwischen Konfliktparteien geworden. Kann der Papst – was er in den folgenden Monaten eindrucksvoll unter Beweis stellen wird – dazu sein institutionelles Gewicht nutzen, engagierte sich Franz von Assisi mit leeren Händen an der Basis der Kirche. Damit wirkte er weit über ihre Grenzen hinaus. Deutlich wird dieser leidenschaftliche Einsatz an seinen Friedensmissionen und an seinen Rundbriefen.

Bruder Franz ließ sich von traumatischen Erfahrungen aus seiner Kriegsgefangenschaft in Perugia nicht davon abhalten, in derselben Stadt nach 1217 mit einer mutigen Intervention gegen einen drohenden Bürgerkrieg anzugehen. Er verließ dazu ein stilles Timeout im Rietital, wanderte von Greccio hundert Kilometer nordwärts und trat im Stil eines alttesta-mentlichen Propheten zwischen die Konfliktparteien.[224] War die Friedensmission in Assisis Rivalenstadt ein Misserfolg, so gelangen Interventionen an anderen Orten: In Bologna be-wegte der leidenschaftliche Prediger, der nicht mit dem Ha-bitus eines Kanzelredners auftrat, sondern wie in politischen Bürgerversammlungen sprach, verfeindete Clans zur Versöh-nung.[225] Ein ebenfalls erfolgreiches Eingreifen zusammen mit Bruder Silvestro brachte die Stadt Arezzo am Rand eines Bür-gerkrieges auf den Weg des Friedens zurück.[226]

Jesus sandte seine Jünger in Galiläa aus, um Frieden in Häu-ser und Städte zu bringen, und gab ihnen als Auferstandener nach der Darstellung der Bibel den Auftrag, das Evangelium allen Völkern und bis an die Enden der Erde zu verkünden. Franz von Assisi suchte im Zeitalter der Kreuzzüge friedfertig in allen drei sogenannten »heiligen Kriege« zu intervenieren, die von der Christenheit gegen die islamische Welt geführt wurden.

Friedfertig in Krisenzeiten

Von den Kreuzzügen provoziert, öffnete Bruder Franz seinen Horizont bereits 1212 über das Mittelmeer hinaus. Im Kontext des »Kinderkreuzuges« träumte er nicht vom Sieg, sondern erhoffte sich einen Dialog mit dem Islam. Seine erste Expe-dition nach Syrien erlitt in der Adria allerdings buchstäblich Schiffbruch. Kurz darauf erfuhr der Bruder vom vernich-tenden Sieg der iberischen Könige über die Mauren in der Schlacht von Las Navas de Tolosa, der die Reconquista beflü-gelte und den spanischen Kalifen nach Afrika trieb. Im Früh-

Franziskus begegnet Sultan al-Kâmil im Herbst 1219 und lernt von der Glaubenspraxis des Islam
Moderne Ikone aus dem Atelier der Clarisses de Jongny

ling 1214 brach der Poverello daher mitten im verschärften Religionskrieg nach Marokko auf. Es kam jedoch nicht zum erhofften Dialog mit dem neuen Emir Al-Mumenim, da Franz in Spanien erkrankte und nach Assisi zurückkehren musste.[227] 1219 suchte der Bruder den Fünften Kreuzzug der Christen gegen die Muslime zu beenden. Nach dem Pfingstkapitel gelangte er über Syrien nach Ägypten. Während eines Waffenstillstands bei der belagerten Festungsstadt Damiette machte er eine überwältigende Erfahrung. Nachdem die Kreuzritter sich seiner Friedenspredigt verschlossen hatten, entdeckte Franz im Lager von Sultan Muhammad al-Kâmil eine Religiosität, die ihn tief berührte: Gottesliebe außerhalb der eigenen Religion. Obwohl die Friedensmission an der Kriegstreiberei des Kardinallegaten Pelagius scheiterte, wurden die Tage des Poverello als Gast des islamischen Oberherrschers und die freundschaftliche Begegnung zwischen ihnen zum prophetischen Zeichen, das bis heute nachwirkt.[228]

Franz von Assisi kehrte tief beeindruckt vom Islam nach Europa zurück. Die Art, wie die Muslime Gott in der Schrift, in seinen 99 Namen und im fünfmaligen Gebet mitten im Alltag verehren, bewegte ihn ab 1220, sich in Rundschreiben an »alle Menschen, wo auch immer auf Erden« zu wenden. Er rief darin Gläubige in allen Völkern und Religionen »als Bruder« auf, vom Islam zu lernen und in allen Alltagsgeschäften die eine verbindende Mitte zu finden: »den Höchsten«, von dem jeder Friede ausgeht. Im Brief an die Lenker der Völker »wünscht der kleine Bruder Franz, in Gott euer aller Diener, allen Bürgermeistern und Machthabern […] in der ganzen Welt und allen Menschen, zu denen dieser Brief gelangt, Lebensfülle und Frieden«. Weder Papst noch Kaiser richteten sich damals so universal an alle Menschen auf Erden, »die sind und die sein werden«.[229] Das Bewusstsein, eine einzige Menschheitsfamilie zu sein, in der alle zur Gottesliebe berufen sind, spricht schließlich kurz nach der Begegnung mit dem Islam aus einem Gebet, das Eingang in die Ordensregel von 1221 findet. Franz lädt darin leidenschaftlich ein

alle Völker, Geschlechter, Stämme und Sprachen, alle Nati-
onen und alle Menschen wo auch immer auf Erden, die sind
und sein werden … aus ganzem Herzen, aus ganzer Seele,
aus ganzer Gesinnung, aus aller Kraft und Stärke, mit gan-
zem Verstand, mit allen Kräften, mit ganzer Anstrengung,
mit ganzer Zuneigung, mit unserem ganzen Inneren, mit
allen Wünschen und aller Willenskraft Gott den Herrn [zu]
lieben, der uns allen den ganzen Leib, die ganze Seele und
das ganze Leben geschenkt hat und schenkt.[230]

Folgte Benedikt XVI. mit dem Mönchsvater von Montecassino
einem Vorbild, das für den Rückzug aus einer turbulent be-
wegten Welt steht, wählt sich Franziskus ein politisch überaus
engagiertes Vorbild. Tatsächlich überließ der deutsche Papst
die Politik weitgehend seinem Freund aus der Zeit der Glau-
benskongregation, Tarcisio Bertone, den er zum Staatssekretär ernannte. Dessen fehlende diplomatische Ausbildung
und politische Erfahrung brachten die Vatikanpolitik bald in
Schieflage. Die entschlossene Tatkraft und frühe Erfolge des
argentinischen Papstes auf der politischen Weltbühne kon-
trastieren zu seinem Vorgänger, der sich da während acht
Jahren auf unsicherem Terrain bewegte und eine Reihe von
Krisen auslöste. Bereits als Glaubenswächter wurde er vom
damaligen Staatsekretär öffentlich zurechtgewiesen: Kardinal Angelo Sodano kritisierte Joseph Ratzinger 2004 für ein
Interview, in dem er sich klar gegen die Aufnahme der Türkei
in die EU positioniert hatte. Als er sich als Papst dann 2006
in Istanbul für einen EU-Eintritt des Gastgebers aussprach,
verlor er seine politische Glaubwürdigkeit. Die Regensburger
Rede zwei Monate zuvor sorgte für Empörung in der islamischen Welt, Benedikts XVI. Darstellung der Missionsgeschich-
te bei seinem Brasilienbesuch 2007 provozierte in Lateiname-

rika wütende Reaktionen. Im April 2008 arrangierte Bertone den Besuch des Papstes in den USA so, dass Benedikt XVI. ausgerechnet an seinem Geburtstag im Weißen Haus von jenem George W. Bush gefeiert wurde, den Johannes Paul II. scharf als Kriegstreiber kritisiert hatte und von dem sich ein Großteil der katholischen Bevölkerung der USA (die ca. ein Viertel der Gesamtbevölkerung ausmacht) distanzierte.[231] Übte sich die Vatikanpolitik unter Staatssekretär Tarcisio Bertone, einem Moraltheologen, zunehmend in Schadensbegrenzung, erweist sich Papst Franziskus schon in seinen ersten Monaten als ebenso initiativer wie versierter Akteur auf der Bühne der internationalen Politik.

Große und kleine Initiativen

Der neue Bischof von Rom folgt seinem Vorbild aus Assisi in der Verbindung von tiefem Glauben und politischer Leidenschaft: Wer an den Vater aller Menschen glaubt, sieht die Menschheitsfamilie mit geschwisterlicher Liebe und setzt sich mit engagierter Sorge für sie ein. Von seinem Werdegang in Argentinien her politisch erfahren, zeigt er von Anfang an Profil in der Weltpolitik. Den unglücklich agierenden Staatssekretär des Vorgängers schickt er in Pension, redimensioniert die Behörde und beruft den bisherigen Nuntius in Venezuela zum Chef des Staatssekretariats. Pietro Parolin, der sich als päpstlicher Botschafter im Land des Hugo Chávez durch politische Minenfelder bewegt hat, verlässt Caracas aber nicht als künftiger Chef der Vatikanpolitik, sondern wird Mitte Oktober 2013 der politische Sekretär des Papstes, der den politischen Brückenbau zur Chefsache macht.[232]

Franziskus hatte bereits Mitte August die Konfliktparteien in Ägypten zu friedlichen Wegen aufgerufen,[233] an die Adresse Assads und der westlichen Mächte Gewalt und echte Religion für unvereinbar erklärt,[234] mit der weltweit beachteten Gebetswache für Syrien zur Verhinderung eines Militärschlags beigetragen[235] und den Staatschefs der G20 in St. Petersburg Anfang September ins Gewissen geredet.[236] Im Oktober besucht der Präsident des Europäischen Parlaments, Martin Schulz, den Papst und lädt ihn ein, in einer Plenarsitzung eine Rede zu halten.[237] Anfang Dezember empfängt der Papst den Regierungschef Israels und erörtert mit Benjamin Netanjahu die Lage im Nahen Osten.[238] Für Aufsehen sorgt der überaus herzliche Empfang für Wladimir Putin am 25. November 2013. An dem Tag, an dem sich die »zwei Männer von Weltmacht« [239] treffen, wird die internationale Syrienkonferenz angekündigt, die im Januar 2014 in Genf stattfindet. Im gleichen Monat besucht auch der venezolanische Oppositionsführer den Papst und bittet den Vatikan um Vermittlung in dem politisch zerrissenen Land.[240] Der Schweizer Bundespräsident Ueli Maurer, ein reformierter Zürcher, bezeichnet Ende 2013 seine Begegnung mit Papst Franziskus als den schönsten Höhepunkt aller Auslandsreisen seines Amtsjahres.[241] Ende Januar 2014 besucht der sozialistische Präsident Frankreichs – »François (der Präsident) trifft François (den Papst)«[242] – den Vatikan: Hollande begegnet einem ebenso wachen wie kritischen Kirchenführer, der mit ihm sowohl die Gesellschaftspolitik Frankreichs wie die internationalen Friedensbemühungen in der Syrienkrise und EU-Fragen anspricht.

Zum traditionellen Neujahrsempfang traf Papst Franziskus zuvor wieder mit dem Diplomatischen Korps zusammen. Der deutsche Botschafter Reinhard Schweppe zeigt sich dabei beeindruckt von dessen ungewöhnlich deutlichem Engagement. Auf die Frage, wie er die päpstlichen Interventionen auf der weltpolitischen Bühne und ihre Wirkkraft einschätze, sagt er:

>»Ich finde das richtig. Die vatikanische Diplomatie ist kompetent. Der Stab ist klein, aber man hat ein weltweites Netz. In der Rede vor dem Diplomatischen Korps ging es ja nicht nur über Syrien und Nahost im Allgemeinen, sondern auch über Themen wie Menschenrechte und Umweltschutz, es ging um Flüchtlings- und Migrationsfragen. Das sind alles Themen, bei denen die katholische Kirche eine große Autorität genießt. Ich habe selbst in meiner Zeit als ständiger Vertreter bei der UNO in Genf erlebt, welches Gewicht der vatikanische Vertreter, der dortige Nuntius, hat. Ihm wird nicht unterstellt, wie westlichen, östlichen oder Drittwelt-Vertretern, dass er nur Interessen-Vertreter ist, sondern er steht so ein bisschen über den Parteilichkeiten.« In der Syrienfrage beispielsweise habe der Vatikan »etwas ganz Bemerkenswertes gemacht«. Noch erstaunlicher als die Briefinitative an Putin im September »war der Anhang dazu: Ein Sechs-Punkte-Programm, welche Prinzipien nach Auffassung des Heiligen Stuhls in jeglicher Friedensregelung über Syrien enthalten sein müssten. Das fanden wir sehr bemerkenswert, das war etwas, was wir seit Jahrzehnten vom Heiligen Stuhl nicht gewöhnt sind.«[243]

Großer Einsatz zeigt auch im Kleinen Wirkung. Auf Praxis bedacht, unterstützt Papst Franziskus auf seine Weise auch regionale Bemühungen einzelner Personen. Am 30. September erhält die kongolesische Ordensfrau Sœur Angélique Namaika den Fridtjof-Nansen-Preis (Nansen Refugee Award) des UN-Flüchtlingshilfswerks (UNHCR) für ihren mutigen Einsatz im nordöstlichen Teil der Demokratischen Republik Kongo. Seit vielen Jahren wird dieser Landstrich von Truppen der paramilitärischen LRA (Lord's Resistance Army) terrorisiert. Besonders Frauen und Mädchen werden dort zur Zielscheibe ihrer brutalen Angriffe. Schwester Angélique stärkt durch hohen persönlichem Einsatz, Mut und konkrete Bildungsangebote wie Alphabetisierungs- oder Nähkurse Lebensmut, Selbstbewusstsein und die wirtschaftlichen Grundlagen dieser durch Vergewaltigungen und Verfolgungen traumatisierten Frauen. Auf ihrer Rückreise in den Kongo empfängt Papst Franziskus die Ordensschwester am 2. Oktober in Rom und spricht ihr mit seinem Segen seine Solidarität zu. Sie berichtet anschließend:»Ich bin sehr glücklich, dieser Segen bestärkt mich, und die Worte des Papstes werde ich niemals vergessen. Sie werden mir noch mehr Kraft geben. Ich werde mich niemals entmutigen lassen, diesen Frauen und Kindern Leben zurückzugeben. Ich werde weitermachen, weil ich jetzt die Kraft habe, erfüllt von diesem Segen.«[244]

Ein Friede, der antreibt

In einer seiner Morgenpredigten im Gästehaus des Vatikans kennzeichnet Papst Franziskus den christlichen Frieden im Unterschied zu gewissen philosophischen Vorstellungen – »Alles ist geordnet und ruhig ...« – als beunruhigende Sendung:»Der christliche Friede ist ein unruhiger Frieden: er ist ein unruhiger Frieden, der dazu antreibt, dass die Botschaft der Versöhnung weitergegeben wird.«[245] Im Apostolischen Schreiben *Evangelii gaudium* skizziert der Papst die Dimensionen und die Reichweite der sozialen und politischen Friedensarbeit seitens die Kirche:

Das Evangelium wie die Apostel allen Menschen und Geschöpfen verkünden.

Franziskus als »Vogelprediger«. Assisi, Basilica di San Francesco, Maestro di San Francesco

Für die Kirche gibt es in dieser Zeit besonders drei Bereiche des Dialogs, in denen sie präsent sein muss, um einen Dienst zugunsten der vollkommenen Entwicklung des Menschen zu leisten und das Gemeinwohl zu verfolgen: im *Dialog mit den Staaten*, im *Dialog mit der Gesellschaft* – der den Dialog mit den Kulturen und den

Wissenschaften einschließt – und im *Dialog mit anderen Glaubenden*, die nicht zur katholischen Kirche gehören. In allen diesen Fällen … bringt die Kirche ihre Erfahrung aus zwei Jahrtausenden ein und bewahrt immer das Leben und Leiden der Menschen im Gedächtnis. Das geht über den menschlichen Verstand hinaus, hat aber auch eine Bedeutung, die jene bereichern kann, die nicht glauben, und die die Vernunft einlädt, ihre Perspektiven zu erweitern. Die Kirche verkündet »das Evangelium vom Frieden« (Eph 6,15) und ist für die Zusammenarbeit mit allen nationalen und internationalen Autoritäten offen, um für dieses so große universale Gut Sorge zu tragen (EG 238).

Im Dialog mit dem Staat und der Gesellschaft … begleitet die Kirche gemeinsam mit den verschiedenen gesellschaftlichen Kräften die Vorschläge, die der *Würde der Person* und dem *Gemeinwohl* am besten entsprechen können (EG 241).

In der Sorge um das Wohl aller Glieder einer Gesellschaft und der Menschheit sieht der Papst aus Lateinamerika sich zu einer grundlegenden Kritik an der Weltwirtschaft veranlasst.[246] Bereits Monate vor *Evangelii gaudium* fordert er im Mai 2013 eindringlich einen weiten Blick: »Geld soll dienen und darf nicht regieren! Der Papst liebt alle, ob reich oder arm, muss aber im Namen Christi den Reichen daran erinnern, dass er den Armen zu respektieren und zu fördern hat. Der Papst ruft zu selbstloser Solidarität auf und zur Rückkehr der Ethik in der Finanz- und Wirtschaftswelt – zum Wohl des Menschen.«[247] Die *New York Times* wird, wie bereits erwähnt, den Papst Ende 2013 gegen den Vorwurf verteidigen, ein »Marxist« zu sein – wegen seiner scharfen Anklagen gegen die Finanzindustrie und die Macht des Geldes: Robert Calderisi legt unter dem Titel »Radical Pope – traditional values« dar, dass *Evangelii gaudium* lediglich die vertrauten Prinzipien der katholischen Soziallehre mit allem Nachdruck anwende.[248]

Im Bestreben, mit allen Erdenbürgern guten Willens an einer für alle Menschen lebenswerten und auch ökologisch hoffnungsvollen Welt zu arbeiten, ruft Papst Franziskus zum »Dialog zwischen Glaube, Vernunft und den Wissenschaften« auf (EG 242–243). Wie Franz von Assisi vertraut der Papst dabei nicht nur auf eigene Kraft und menschliche Möglichkeiten:

> Bekennen, dass der Heilige Geist in allen (Menschen) wirkt, schließt die Erkenntnis ein, dass er in jede menschliche Situation und in alle sozialen Bindungen einzudringen sucht: Der Heilige Geist verfügt über einen für den göttlichen Geist typischen unendlichen Erfindungsreichtum und findet die Mittel, um die Knoten der menschlichen Angelegenheiten zu lösen, einschließlich der kompliziertesten und undurchdringlichsten (EG 178). ... Es handelt sich um das der Dynamik des Evangeliums eigene Kriterium der Universalität, da der himmlische Vater will, dass alle Menschen gerettet werden ... Der Auftrag lautet: »Geht hinaus in die ganze Welt, und verkündet das Evangelium allen Geschöpfen!« (Mk 16,15), denn »die ganze Schöpfung wartet sehnsüchtig auf das Offenbarwerden der Söhne und Töchter Gottes« (Röm 8,19). Die ganze Schöpfung – das heißt auch alle Aspekte der menschlichen Natur (EG 181).

»pilgernd zu Wahrheit und Frieden«
Begegnung der Religionen

Bereits bei der Amtseinsetzung des Papstes sind nicht nur Delegationen anderer Kirchen zugegen, sondern auch Vertreter aus den Weltreligionen. Die folgenden Monate sehen eine Reihe von Begegnungen und Initiativen, die unterstreichen, was Papst Franziskus am 22. März 2013 beim Empfang des Diplomatischen Korps ankündigte: dass er wie Franz von Assisi die ganze Welt und ihren Frieden im Blick hat und als »Pontifex« ein Brückenbauer zwischen Menschen und Nationen sein möchte. Spezielle Aufmerksamkeit soll dabei den großen und kleinen Religionen zukommen: »Darum ist es wichtig, den Dialog zwischen den verschiedenen Religionen zu verstärken – ich denke besonders an den mit dem Islam –, und ich habe die Anwesenheit vieler ziviler und religiöser Autoritäten der islamischen Welt bei der Messe zu meiner Amtseinführung sehr geschätzt.«[249] Die türkische Zeitung *Hürriyet* kommentierte dazu umgehend, der Papst erreiche damit über die akkreditierten Botschafter die »Führer in mehr als 170 Ländern, mit denen der Vatikan diplomatische Beziehungen unterhält«.[250]

Gemeinsam wachen, fasten und beten

Dass Papst Franziskus mit spezieller Aufmerksamkeit auf die islamische Welt zugeht, hängt sicher mit der Entfremdung zusammen, die sein Vorgänger mit seiner unglücklichen Regensburger Rede verursacht hatte.[251] Erste Hoffnungssignale für einen neuen Dialog sendet bereits zur Amtseinsetzung des neuen Papstes der Großimam der Al-Azhar-Universität in Kairo: Ahmad Muhammad al-Tayyeb gratuliert Franziskus in einer Grußbotschaft zum Amtsantritt und bietet ihm »volle Zusammenarbeit und Liebe« an, »um gemeinsame Werte zu sichern«.[252] Das Zeichen kommt von jener Universität, die als führende Autorität des sunnitischen Islams in der arabischen Welt gilt. Seit 1998 im Dialog mit Rom, hatte sie diesen unter Benedikt XVI. Anfang 2011 abgebrochen.

Am 11. August, dem Festtag der hl. Klara von Assisi, gratuliert der Papst den »Muslimen, unseren Geschwistern« zum Abschluss des Ramadans. Nach dem Angelusgebet auf dem Petersplatz sagt er: »Ich möchte einen Gruß an die Muslime auf der ganzen Welt richten, unsere Geschwister, die kürzlich den Abschluss des Ramadan gefeiert haben ... Wie ich in meiner Botschaft zu diesem Anlass geschrieben habe, hoffe ich, dass Christen und Muslime sich für die Förderung gegenseitigen Verständnisses einsetzen, besonders durch die Erziehung der neuen Generationen.«[253] Dass der Papst nicht nur die jüdische Glaubensgemeinschaft geschwisterlich anspricht, sondern in neuer Weise auch die Muslime, provoziert in katholikalen Kreisen[254] heftige Reaktionen. Ein empörter Protest erscheint bereits tags darauf auf einer Internetplattform unter dem Titel »Die islamischen ›Brüder‹ von Papst Franziskus töten die Christen«.[255]

Tauwetter

Tage später stellt Christoph Schmidt von der Katholischen Nachrichtenagentur KNA ermutigend fest: »Papst Franziskus kommt gut an in der islamischen Welt«.[256] Das noch »zarte Pflänzchen« des katholisch-islamischen Dialogs habe »im Papst einen neuen Gärtner gefunden«, und dieser »begießt es eifrig«. »Auffallend häufig, herzlich und offen« habe Franziskus »sich in den fünf Monaten seines bisherigen Pontifikats an die Muslime gewandt«:

> Und das in einer Zeit, in der im Nahen Osten Kirchen brennen, Priester und Bischöfe entführt und ermordet werden und die uralten christlichen Gemeinschaften der Region durch den Exodus ihrer Mitglieder langsam ausbluten. Als Erzbischof von Buenos Aires pflegte Franziskus ein enges Verhältnis zur dortigen islamischen Minderheit. Schon eine Woche nach dem Konklave hob er das Gespräch mit dem Islam bei einem Empfang für Religionsvertreter auf die Agenda. Beide Religionen trügen gemeinsam Verantwortung für den Frieden in der Welt, sagte er. Franziskus versteht es, mit seinen Gesten auch die Muslime zu beeindrucken. Als er am Gründonnerstag einer muslimischen Inhaftierten in einem römischen Gefängnis die Füße wusch, brach das Eis.

Das Tauwetter zwischen Rom und der sunnitischen Universität in Kairo nimmt seinen Fortgang. Am 24. August stellt der zuständige Kurienkardinal Jean-Louis Tauran, Präsident des päpstlichen Rates für den interreligiösen Dialog, fest: »Unsere Tür ist offen.«[257] Der Papst selbst schreibt darauf eine persönliche Botschaft an Ahmad Muhammad al-Tayyeb, der als Rektor zugleich Großscheich der Al-Azhar-Universität ist, und bekundet den »Respekt des Vatikan vor dem Islam und den Muslimen«.[258] Am 3. Dezember empfängt der Vize-Imam derselben Universität den Sekretär des Päpstlichen Rates für den interreligiösen Dialog. Das »sehr positive und konstruktive Treffen«, so berichtete dieser danach, lasse auf eine Wiederaufnahme der Gespräche mit der höchsten sunnitischen Lehrstätte hoffen.[259]

Während neue tragfähige Brücken des Dialogs zwischen den bedeutendsten Zentren der beiden Religionen in vielen kleinen Schritten gebaut werden, wagt der Papst angesichts einer drohenden westlichen Militärintervention in Syrien friedenspolitisch den Sprung auf die Weltbühne. Am 1. September 2013 kündigt er zunächst beim Angelusgebet auf dem Petersplatz einen Tag des Gebets und Fastens für Syrien für den nächsten Samstag an. Vorbild dazu ist das Aschermittwoch-Fasten, das Johannes Paul II. 2003 der Friedenssuche im Irak widmete.[260] Dieser Aufruf hat eine ungeahnte Wirkung. Über 70.000 Menschen aller Generationen und aus verschiedenen Kontinenten beteiligen sich am 7. September abends an der Gebetswache auf dem Petersplatz, unter ihnen Vertreter des Islam und des Judentums. Auch die italienischen Pazifisten schließen sich an, »nicht betend, doch politisch fastend auf der ersten Großdemonstration gegen den Krieg in Syrien«.[261]

Ein kritischer Beobachter spricht von einer friedlichen, eindrucksvollen und überraschend gesammelten Gemeinschaft auf dem Petersplatz: »Es wurden viele Lieder, Hymnen, lateinisch oder italienisch vorgetragen, viele waren offenbar beim Volk bekannt und beliebt. Alles folgte in aller Ruhe, mit vielen langen Pausen fürs Gebet, immer in der eindrücklichen Stille, die über dem Platz lag.« Die etwa zehnminütige Ansprache des Papstes kommentiert er: »Seine Grundgedanken waren, dass es zu einem Friedensprozess dreierlei braucht: Vergebung, Dialog, Versöhnung. Das können sich ganze Völker ebenso wie einfache Menschen im Alltag merken.«[262] Parallel zur Fastenaktion schreibt der Papst den bereits erwähnten Brief an die Regierungschefs der G20 und ihren Gastgeber Wladimir Putin, damit diese bei ihrem Treffen in St. Petersburg eindringlich nach friedlichen Lösungswegen suchen. Der Papst sagt den Mächtigsten der Welt zu, ihr Treffen zu segnen, und schließt seinen Brief an den russischen Staatschef überraschend: »Herr Präsident, … ich segne sämtliche Aktivitäten, die Russland während seines Vorsitzes bei den G20 im Jahr 2013 ausübt. Ich bitte Sie, beten Sie für mich.«[263]

An der vom Papst initiierten Gebetswache beteiligen sich am 7. September über die in Rom versammelten Männer und Frauen hinaus auch christliche, muslimische und jüdische Menschen rund um den ganzen Erdball. Von Washington über Bagdad und Manila bis nach Sydney riefen Bischöfe zu Gebet und Fasten für den Frieden auf. In Syrien selbst beten Muslime, Christen und Juden am Samstagmittag in der Omajjaden-Moschee von Damaskus gemeinsam mit Syriens Großmufti Ahmad Badreddin Hassou für den Frieden.[264] In seiner Weihnachtsbotschaft beim Segen *Urbi et orbi* dankt Papst Franziskus allen Menschen in der Welt, die mit ihrem Gebet dazu beigetragen haben, dass Syrien weiter auf Fortschritte bei der für Januar in Genf geplanten 2. internationalen Syrienkonferenz hoffen könne.[265] Der spannungsvolle und zunächst erfolglose Verlauf der Genfer Friedensgespräche zeigt, dass es weiterhin den unermüdlichen Einsatz der Diplomatie und fantasievoller Friedenspolitiker und -politikerinnen braucht. Verschiedene Kirchen und Religionen begleiten die Gesprächsrunden im Januar und Februar 2014 auch betend, damit es gelinge, die Bürgerkriegsparteien und ihre jeweiligen internationalen Freunde aus der Gewaltspirale zu befreien und auf konstruktive Wege der Zukunftssuche zu verpflichten.

Freimütiger Dialogs in gegenseitiger Achtung

Die Aufmerksamkeit Bergoglios dem Judentum gegenüber führte bereits in Argentinien zur Freundschaft mit Abraham Skorka, dem Rektor des lateinamerikanischen Rabbiner-Seminars. Die Begegnungen zwischen dem Erzbischof von Buenos Aires und dem Rabbiner, den er seinen »Bruder und Freund« nennt, flossen in ein Buch ein, das Ende März 2013 auch auf Deutsch erscheint.[266] Herzerfrischend berichtet der Rabbiner in seinem Vorwort:

> Der interreligiöse Dialog, welcher seit dem Zweiten Vatikanischen Konzil eine besondere Bedeutung bekommen hat, beginnt gewöhnlich mit einer Phase des »Tees und der Sympathie«. Erst dann geht er in die eines Dialogs über, der sich den »dornigen Themen« zu nähern weiß. Mit Bergoglio gab es keine derartigen Phasen. Die Annäherung begann mit provozierenden Aussagen über die von uns jeweils favorisierten Fußballmannschaften. Dann wechselten wir unmittelbar in den Freimut eines Dialogs über, der bestimmt war von Aufrichtigkeit und gegenseitiger Achtung. Jeder von uns beiden öffnete dem anderen seine eigene Sichtweise der vielfältigen Themenbereiche, die die Existenz ausmachen. Es gab weder Kalkül noch Schönreden, sondern vielmehr klare, direkte Vorstellungen.[267]

Dass diese Form des klaren und freundschaftlichen Austausches keineswegs eine rein private Angelegenheit des Kardinal Bergoglios gewesen ist, zeigen seine päpstlichen Initiativen. Franziskus empfängt am 24. Juni mit den 30 Mitgliedern des *International Jewish Committee on Interreligious Consultations* (IJCIC) offiziell die erste jüdische Delegation in seiner Amtszeit. Der Gastgeber betont im Sinne des Konzilsdokumentes *Nostra Aetate* die gemeinsamen Wurzeln der beiden Religionen, weshalb sich Christen wie Juden, ihre »älteren Geschwister«, gemeinsam jedem Antisemitismus widersetzen müssten.[268] Als das jüdisch-amerikanische Magazin *Forward* den Papst im Spätherbst unter die »50 prominentesten Juden des Jahres 2013« zählt, bleiben leider gehässige rechtskatholische Reaktionen nicht aus.[269] Am 2. September empfängt der Papst die Führungsspitze des Jüdischen Weltkongresses (WJC) unter Ronald Lauder, am 11. Oktober eine große Delegation der jüdischen Gemeinde Roms mit ihrem Rabbi Riccardo Di Segni und am 24. Oktober die Vertreter des Simon Wiesenthal Center[270] – und damit bereits die vierte hochrangige Delegation aus der jüdischen Welt.

Das jüdische Wochenmagazin *Tachles* würdigt denn auch die Schritte, mit denen der Papst den jüdisch-katholischen Dialog fördert und zum »Alliierten in unserem Kampf gegen den Antisemitismus« wird.[271] In *Evangelii gaudium* legt Franziskus in dichter Kürze dar, was für die Kirchen der »Weisheitsschatz des Judentums« (EG 247) und die »gemeinsame Sorge um die Gerechtigkeit und die Entwicklung der Völker« (EG 249) bedeuten. Auch hier erlangen schlichte Zeichen eine ungeahnte Breitenwirkung in den visuellen Medien: Bei der Generalaudienz auf dem Petersplatz schenkt der argentinische Rabbiner Mario Rojzman am 23. Oktober dem Papst eine weiße Kippa mit seinem Namenszug in Spanisch und Hebräisch. »Der Papst hat gesagt, dass in jedem Christen die jüdische Wurzeln sind – und ich füge hinzu: In jedem religiösen Menschen ist Franziskus«, wird Rojzman danach in der Vatikanzeitung *Osservatore Romano* und in den Agenturen zitiert.[272]

Der Dialog mit Nichtglaubenden erfährt seinen ersten Höhepunkt im »Vorhof der Völker«, einem jährlich stattfindenden dreitägigen Gesprächsforum, das im November 2013 in Berlin tagt.[273] Von Benedikt XVI. initiiert, hätten die Gespräche zwischen katholischen Vertretern um Kardinal Gianfranco Ravasi und Atheisten, Agnostikern und Andersgläubigen zum Thema »Freiheitserfahrungen mit und ohne Gott« diesmal »endlich eine echte Debatte und nicht nur ein feierliches Aneinander-Vorbeireden wie so oft bei Treffen des Vorhofs der Völker in Italien« ermöglicht, wird einer der Organisatoren zitiert.[274]

Der »Geist von Assisi«

Auch im Wunsch nach Verständigung zwischen den Religionen öffnet Bruder Franz von Assisi dem Papst die Türen weit. Der Heilige gilt seit dem ersten großen Gebetstreffen in Assisi über das Christentum hinaus als Prophet interreligiöser Begegnung. Bereits in den Anfängen seiner Bewegung hatte der Poverello die Sendung seiner Brüder als eine weltweite verstanden. Die ersten vier Gefährten überwanden schon in den ersten Wochen die Grenzen ihres Bistums, und bald machten sich die Brüder zu zweit in alle vier Himmelsrichtungen auf. 1209 ermutigte Innozenz III. die Brüder zu lebenspraktischer Predigt »urbi et orbi«, und seit 1212 schließlich gingen sie auch in die Länder, in denen andere Religionen herrschten.[275]

Franziskus' Intervention im Fünften Kreuzzug, sein Dialog mit Sultan Muhammad al-Kâmil[276] und seine Rundbriefe an alle Menschen auf Erden folgen der Vision einer universalen Menschheitsfamilie, die vom einen Vater geliebt und vom gleichen Geist bewegt Frieden finden kann – einen Frieden, der durch Christus zudem geschwisterlich verbindet. Franziskus schrieb in die Brüderregel 1220/21 das erste Missionsstatut eines christlichen Ordens. Dieses ermutigte die Minderbrüder, dienstbereit unter Andersgläubigen zu leben, da »Gottes Geist auch unter Sarazenen anwesend ist« und Gott in anderen Religionen wirkt.[277] Damit vollzog Franziskus im hohen Mittelalter einen Schritt, den die Gesamtkirche 1965 in der Konzilserklärung *Nostra Aetate* mit Blick auf die Religionen umfassend tun wird.[278]

Als Pionier des interreligiösen Dialogs steht Franz heute Pate für die Friedenstreffen der Weltreligionen, die sich auf höchster Ebene erstmals 1986 in Assisi versammelt haben.[279] Als Benedikt XVI. die Welt- und Naturreligionen am 27. Oktober 2011 zum jüngsten großen Treffen in die Stadt des Poverello einlud, nannte er sie zusammen mit den christlichen Kirchen und mit agnostischen Menschen »Pilgernde zu Wahrheit und Frieden«. Die Delegationen suchten bei der Portiunkula-Kapelle von der Weisheit in jeder Religion zu lernen, beteten in Assisis Kirchen, feierten gemeinsam bei San Francesco und dankten zum Schluss am Grab des Bruders. Dass die Weltreligionen sich heute im »Geist von Assisi« versammeln, ist als eine der bedeutendsten Früchte des Zweiten Vatikanums zu werten: Öffnete sich die katholische Kirche nach dem jüngsten Konzil zunächst für das Gespräch mit einzelnen Weltreligionen, nimmt sie schließlich seit den Achtzigerjahren durch die Assisi-Treffen die Vorreiterrolle im weltweiten interreligiösen Dialog ein.

Johannes Paul II. sah die Begegnungen der Weltreligionen denn auch ausdrücklich im Konzil wurzeln: »Der *Spirit* von Assisi« bringe den Traum der einen Menschheitsfamilie sichtbar zum Ausdruck und mache die katholische Kirche zum Instrument Gottes, um die Geschwister aus allen Kirchen und allen Religionen zu vereinen.[280] Als Religionshistoriker erkennt Kardinal Julien Ries in diesen Begegnungen in Assisi »ein großes spirituelles Ereignis«, das Vertreter aller Religionen gemeinsam »ganz auf Gott ausrichtet«.[281] Dabei übernimmt das Papsttum überraschend eine spirituelle *leadership* unter den *leaders* der Religionen, die in der globalisierten Welt keine andere religiöse Instanz oder christliche Konfession derart wirksam einnehmen könnte – wobei der Papst sich nicht auf seine Autorität, sondern auf Franz als Friedenspropheten beruft.[282] Mit dem »Weg von Assisi« stellt sich die katholische Kirche in den Dienst aller Völker, um die Einheit der Welt zu fördern und mit dem »Geist von Assisi« die Religionen der Erde in der Friedenssorge spirituell zu verbinden.[283] Dass der neue Papst sich entschieden am Poverello orientiert, nährt die Hoffnung, dass auch er den »Geist vom Assisi« nutzen und für das gemeinsame Pilgern der Religionen zu Wahrheit und Frieden fruchtbar machen wird.

Die katholische Gemeinschaft Sant'Egidio veranstaltet jedes Jahr in verschiedenen Städten rund um den Globus ein »internationales Friedenstreffen«, um das Vorbild der historischen Weltgebetstage in Assisi wach und lebendig zu halten. 2013 findet es in Rom statt. Papst Franziskus empfängt die Teilnehmenden am 30. September in einer Audienz und verbündet sich mit ihnen und ihrem Friedensanliegen: »Als Verantwortliche der verschiedenen Religionen vermögen wir viel zu tun. Wir alle sind für den Frieden verantwortlich. Für den Frieden beten, für den Frieden arbeiten! Ein religiöses Oberhaupt ist immer ein Mann oder eine Frau des Friedens, da das Gebot des Friedens tief in den religiösen Traditionen, deren Repräsentanten wir sind, verankert ist.«[284]

In seiner »Regierungserklärung« lässt der Papst noch einmal keinen Zweifel daran, welche Bedeutung er dem Dialog mit Weltreligionen und Nichtglaubenden einräumt: Es gelte die gemeinsame »Offenheit in der Wahrheit und in der Liebe« gegen allerlei »Fundamentalismen« zu wahren. Der »interreligiöse Dialog ist eine notwendige Bedingung für den Frieden in der Welt und darum eine Pflicht für die Christen wie auch für die anderen Religionsgemeinschaften. Dieser Dialog ist zuallererst ein Dialog des Lebens ...« Im Teilen der Sorgen und Freuden »lernen wir auch, die anderen in ihrem Anderssein, Andersdenken und in ihrer anderen Art des Ausdrucks anzunehmen«. Echter Dialog führe »zu einem ethischen Einsatz« für »den Frieden und die Gerechtigkeit« (EG 250).

Bezüglich des Dialogs mit dem Islam betont der Papst wie schon Franz von Assisi, dass Muslime »sich zum Glauben Abrahams bekennen und mit uns den einen Gott anbeten«, dass »die Schriften des Islam« heilig sind und dass Christinnen und Christen darüber staunen können, »wie junge und alte Menschen, Frauen und Männer des Islams fähig sind, täglich dem Gebet Zeit zu widmen« (EG 252). Wie Benedikt XVI. in Assisi ausdrücklich die reinigende Kraft anerkannte, die agnostische Menschen den Religionen gegenüber zeigen können, verbindet sich sein Nachfolger mit jenen, »die sich nicht als Angehörige einer religiösen Tradition bekennen, aber aufrichtig nach der Wahrheit, der Güte und der Schönheit suchen, die für uns ihren maximalen Ausdruck und ihre Quelle in Gott finden. Wir empfinden sie als wertvolle Verbündete im Einsatz zur Verteidigung der Menschenwürde, im Aufbau eines friedlichen Zusammenlebens der Völker und in der Bewahrung der Schöpfung« (EG 257).

Relecture alter Hoffnungsgeschichten

Die gegenseitige Wertschätzung und Anerkennung, an der heute so hoffnungsvoll gearbeitet wird, setzt einen verantwortlichen Umgang mit historischen Quellen voraus. Die franziskanisch-klarianische Geschichte kennt Erzählungen von Begegnungen zwischen den beiden Heiligen aus Assisi und muslimischen Glaubensbrüdern. Bruder Franz und sein Gefährte Illuminatus hatten sich 1219 während der Orientreise – eine Feuerpause nutzend – bis ins Lager des Sultans al-Kâmil gewagt. Dass es für die beiden christlichen Bettelbrüder ein Durchkommen gab, war vermutlich ihrem Auftreten zu verdanken: in den einfachen Kutten und ihrer demonstrativen Friedfertigkeit erinnerten sie im feindlichen Lager wohl an die Sufi-Mystiker der eigenen Religion. So wurden sie nicht nur durchgelassen, sondern vom Sultan selbst empfangen. Klaras unmittelbare Begegnung mit Menschen muslimischen Glaubens musste notgedrungen anders vonstattengehen. Weder waren die Schwestern je auf Reisen, noch kannten sie dieselbe Bewegungsfreiheit wie ihre Brüder.

Es ist dennoch eine Begegnung bezeugt, die vor allem in der Ikonografie Spuren hinterlassen und insofern eine gewisse Popularität erreicht hat. Oft wird die hl. Klara mit hoch erhobener, weithin strahlender Monstranz in der Hand dargestellt, die sie als eine Art Schutzschild vor ihre verängstigten

Die Heilige drückt friedlich und innig die Eucharistie ans Herz.
Klara im Kreuzgang der Klarissenkapuzinerinnen von Senden
© Kloster Senden

Schwestern hält. Diese Szene fußt in Klaras großer Liebe zur Eucharistie, bedarf jedoch dringend einer Relecture: An einem Freitagmorgen im September 1240 wurde das kleine Frauenkloster vor den Stadtmauern der papsttreuen Stadt Assisi von kaiserlichen Truppen, in deren Reihen es viele Muslime aus Sizilien gab und die in den Quellen daher als »Sarazenen« bezeichnet werden, angegriffen. Eine Kriegsstrategie – damals wie heute – war die gezielte Vergewaltigung der Frauen der Gegner, religiöse Frauen nicht ausgenommen. Die kleine Schutzmauer, die das Kloster umfriedete, war schnell bezwungen, die Soldaten bereits »ins Innere« des Klosters eingedrungen.[285] Das Einzige, was Klara in dieser Bedrohung Schutz bot, war das Allerheiligste in einem einfachen Holzkästchen. Wir wissen, dass die Schwesterngemeinschaft derartige schlichte Kassetten in Handarbeit mit Stoff auskleidete, um eine würdige Aufbewahrung der Eucharistie in den Kirchen des Umkreises zu gewährleisten. Wenn man bedenkt, dass das Mysterium, welches sich in einer kleinen Holzschatulle verbarg, für die fremden Soldaten weder verständlich noch furchterregend gewesen sein dürfte, irren ikonografische Darstellungen, die glauben machen, Klara hätte die Sarazenen mit der »Gewalt« jenes Zeichens verbannt. Die Männer dürften weder vor Schreck erstarrt noch von einem himmlischen Glanz geblendet worden sein, als sie das Kloster tatsächlich verließen – ohne, wie die noch nach Jahren erschrockenen Frauen berichteten, »irgendetwas oder irgendeiner von uns Schaden zugefügt zu haben«.[286]

Eine triumphalistische Darstellung dieser Wundergeschichte schürt in unangemessener Weise Zwietracht zwischen den Religionen. Klara von Assisi, so bezeugen es die Quellen, hat nichts weiter getan, als in großer Sorge um ihre Schwestern zu beten und sich schützend vor sie zu stellen. Der Mut zu dieser halsbrecherischen Aktion erklärt sich nur mit dem Mut einer (geistlichen) Mutter und dem radikalen Vertrauen in einen Gott, der die Schwächeren schützt. Um sich dieser Hoffnung zu vergewissern, nahm sie das Kästchen mit dem Allerheiligsten mit, nicht um es den Feinden entgegenzuschleudern.

In *Evangelii gaudium* findet sich ein Passus, der – ohne es zu wollen – diese Szene treffend kommentiert: »Mit Herzen, die in tausend Stücke zerbrochen sind, wird es schwer sein, einen authentischen sozialen Frieden aufzubauen« (EG 229). Positiv ausgedrückt: Menschen, deren Herz fest steht in der eigenen Hoffnung, können sich selbst in bedrohlichen Situationen friedlich verhalten. Die Vergewisserung in der eigenen Religion steht nicht in Konkurrenz zum friedlichen Dialog mit den anderen Religionen und zum respektvollen Lernen – im Gegenteil fördert sie beides. Es sind die »zersplitterten Herzen«, die ein Vorankommen in diesen Fragen so schwierig machen.

»mit allen Geschöpfen«
Ökologische Sorge
für die Welt

Nach dem Beweggrund für seine Namenswahl gefragt, nannte Jorge Mario Bergoglio im März 2013 unter den drei Motiven, die ihn an Franziskus faszinieren, die Liebe zur geschaffenen Welt: »Er ist für mich … der Mann, der die Schöpfung liebt und bewahrt.« Als der Papst dann am 4. Oktober die Stadt seines Vorbilds erstmals besucht, hält er im Festgottesdienst vor der Basilika San Francesco eine programmatische Predigt, in der er den Vorbildcharakter des Heiligen näher skizziert. Sie kommt im letzten Drittel auf die Ökologie zu sprechen:

> Franziskus beginnt seinen Sonnengesang so: »Höchster, allmächtiger, guter Herr, … gelobt seist du … mit allen deinen Geschöpfen«. Daraus spricht Liebe zur gesamten Schöpfung in ihrer Harmonie. Der Heilige von Assisi bezeugt die Achtung gegenüber allem, was Gott erschaffen hat – und wie Er es erschaffen hat –, ohne mit der Schöpfung zerstörerisch zu experimentieren. Der Mensch soll ihr helfen, sich zu entwickeln und immer schöner zu werden, immer mehr dem zu entsprechen, wie Gott sie geschaffen hat. Vor allem bezeugt der heilige Franziskus die umfassende Achtung gegenüber dem Menschen:

berufen, den Menschen zu schützen, der Mensch im Zentrum der Schöpfung, an dem Ort, wo der göttliche Schöpfer, ihn wollte ...! Harmonie und Frieden: Franziskus war ein Mensch der Harmonie und des Friedens. Von dieser »Stadt des Friedens« aus wiederhole ich mit der Kraft und der Sanftheit der Liebe: Achten wir die Schöpfung, seien wir nicht Werkzeuge der Zerstörung! Achten wir jeden Menschen: Mögen die bewaffneten Konflikte, die die Erde mit Blut durchtränken, aufhören! Mögen die Waffen schweigen und überall der Hass der Liebe weichen, die Beleidigung der Vergebung und die Zwietracht der Einheit! Hören wir den Schrei derer, die weinen, leiden und sterben aufgrund der Gewalt, des Terrorismus oder des Krieges – im Heiligen Land, das der heilige Franziskus so sehr liebte, in Syrien, im ganzen Nahen Osten, in aller Welt. Wir wenden uns an dich, heiliger Franziskus, und bitten dich: Erwirke uns von Gott die Gabe, dass in dieser unserer Welt Harmonie, Frieden und Achtung gegenüber der Schöpfung herrsche![287]

Dieser dritte Predigtabschnitt atmet tatsächlich den Geist des Sonnengesangs oder der *Laudes creaturarum*, mit der Franz die Schönheit und Harmonie der Welt besingt und in der Menschenstrophe von Liebe und Frieden handelt.[288] Bereits Papst Johannes Paul II. hatte die Bedeutung des Heiligen für die moderne Ökologie erkannt und ihn 1979 zum Patron des Umweltschutzes ernannt. Wegweisend am mittelalterlichen Bruder ist dabei nicht ein griffiges Öko-Programm, sondern seine gelebte Naturverbundenheit und seine Ehrfurcht vor der geschaffenen Welt: ein ganzheitliches Denken und eine Liebe, die zu einem Subjekt-Subjekt-Dialog mit allen Geschöpfen führt.[289]

Schöpfungsmystik und Ökologie

Auch ein mittelalterlicher Mensch wie Franz von Assisi wird nicht zwingend als Naturfreund geboren. Er wuchs in der Kleinstadt Assisi auf, das Ländliche und das Leben draußen vor den Stadtmauern waren dem eleganten Modeexperten lange fremd. Nähe zu den Geschöpfen erwuchs erst nach seinem Bruch mit dem Vater, seiner Zunft und der Stadt. Obdachlos fand Franz ab 1206 als Eremit im Umfeld Assisis eine neue Familie. In Hitze, Kälte und Sturm teilte er das Schicksal jener, die ungeschützt in der Natur lebten: die Ausgeschlossenen, die Bauernfamilien, die Tiere auf den Feldern und die Vögel am Himmel (Mt 6,26–32). Dabei entdeckte Franz in allen Geschöpfen Geschwister: vom gleichen Schöpfer geschaffen und von »Schwester Mutter Erde« ernährt. Der Begriff »Ökologie« meint wörtlich die Lehre vom gemeinsam bewohnten Haus (*oikos*). Franziskus sah es tatsächlich von lauter Geschwistern bewohnt.

Von Jesus sagt die Bibel, dass er in der Wüste »mit den wilden Tieren lebte und die Engel ihm dienten« (Mk 1,13). Das Motiv des Tierfriedens findet sich in verschiedenen Religionen: Menschen, die mit sich und Gott eins werden, finden zu einer tiefen Verbundenheit mit den Geschöpfen. Von einer geradezu zärtlichen Vertrautheit des Franziskus mit den Tieren wissen deshalb viele Episoden zu berichten. Die Geschichte vom Falken, der ihm in einer Bergeinsiedelei zugetan war, ist nur eine davon: In einer seiner Fastenzeiten, die er allein verbrachte, gewöhnte sich ein Falke an die Gebetszeiten des Bruders, der bei Tag und bei Nacht das Gotteslob sang. Der Greifvogel wartete auch nachts auf den Gesang und weckte Franziskus bei Bedarf mit seinem Ruf. In einer Krankheitsphase aber schonte ihn das Tier und meldete sich immer erst im Morgengrauen.[290]

Der Biograf des Heiligen weiß allerdings weit mehr als solche anrührenden Vertrautheiten zu berichten. Er deutet seine Schöpfungsliebe mystisch: Alles, was ist, weist über sich hinaus auf das große Du, das die Welt ins Dasein gerufen hat und sie am Leben erhält:

> *Dieser glückliche Wanderer hatte seine Freude an den Dingen, die in der Welt sind ... Er sah die Welt als klaren Spiegel von Gottes Güte. In jedem Kunstwerk lobte er den Künstler ... Er erkannte im Schönen den Schönsten selbst. Alles Gute rief ihm zu: »Der uns erschaffen hat, ist der Beste.« Auf den Spuren, die den Dingen eingeprägt sind, folgte er überall dem Geliebten nach.*[291]

Auch hier erweist sich Franziskus als radikal, weil tiefgründig: Die Welt ist in all ihrer Schönheit nicht nur geschaffen, sondern durchsichtig auf den hin, der sie geschaffen hat. Gott wird nicht an der Welt vorbei gefunden, sondern durch sie und mit allen Geschöpfen. Bereits Paulus sieht die Erlösung allem Geschaffenen zugesagt: »Die ganze Schöpfung wartet sehnsüchtig darauf, dass wir uns als Söhne und Töchter Gottes erweisen« (Röm 8,19–21). Wenn Franz den Geschöpfen geschwisterlich begegnet und ihnen wie den Menschen die Botschaft vom Reich Gottes verkündet, erfüllt er die österliche Sendung des Auferstandenen an die Apostel (Mk 16,15) in umfassender Weise: Das Evangelium gilt allen Menschen und Geschöpfen bis an die Grenzen der Erde.

Das Lied der Geschöpfe

Franz fasste seine Sicht der Schöpfung in ein genial komponiertes Lied, das die italienische Poesiegeschichte eröffnet, heute weltweit in vielen Variationen gesungen wird und auch die Assisipredigt des neuen Papstes inspiriert hat: den sogenannten »Sonnengesang«. Die Urfassung entstand im Frühling 1225 und preist Gott »mit und durch alle Geschöpfe«. Die ersten Strophen nennen Sonne, Mond und Sterne. Durch sie sind die Rhythmen von Tag und Nacht, Helligkeit und Dunkel mit besungen. Drei Arten von Geschöpfen »am Himmel« weisen auf Gottes eigenen Bereich hin. Dann wird die irdische Welt mit den vier Urelementen gepriesen: Aus Luft, Wasser, Erde und Energie besteht die ganze Mitwelt – Pflanzen, Tiere und Menschen. Die Siebenzahl der Urgeschöpfe besagt, dass Himmel und Erde eine untrennbare Ganzheit bilden: vom väterlichen Schöpfer als Gesamtwerk geschaffen – gut, heilig und geschwisterlich.

Niemand findet den Himmel, der die Erde verachtet. Materielles und Geistiges, Leib und Seele sind innig verknüpft und Teil dieser heiligen Ganzheit. Brüderliche Geschöpfe werden kontrastvoll und harmonisch mit schwesterlichen verbunden, allen ist die Erde eine liebevoll sorgende Mutter, da sie mit Früchten und Blumen jenen Reichtum bereithält, von dem alle leben können. Durch den gemeinsamen Vater schließlich sind alle Wesen eine kosmische Familie. Franziskus' Schöpfungslied entstand in San Damiano, wo die Schwesterngemeinschaft um Klara lebte und mit den Brüdern, die sie materiell unterstützten, siebenmal täglich zum Gotteslob zusammenkam. Geschwisterliches Leben im Kleinen stimmte da in den universalen Lobgesang ein, den eine geschwisterliche Welt auf den Schöpfer singt.

Etwas später – aus Sorge um einen konkreten Konflikt zwischen weltlicher und geistlicher Autorität in seiner Heimatstadt – fügte Franz die Menschenstrophe hinzu. Jedes Geschöpf erzählt vom Schöpfer. Doch der Mensch tut es am schönsten, wenn er aus Gottes Liebe lebt: »*Sei gepriesen, mein Herr, durch Menschen, die von deiner Liebe getragen verzeihen und auch Krankheit ertragen oder seelische Zumutungen* …« Liebe, die von Gott getragen Krisen besteht, bezeugt eindrücklich, wessen Söhne und Töchter die Menschen sind. Die Schlussstrophe schließlich auf *sorella morte*, Schwester Tod, dichtete Franz vor seinem eigenen Sterben. In einer geschaffenen Welt, die noch unvollkommen, vergänglich und konfliktreich ist, wird Schwester Tod zur Gefährtin, die den Weg in Gottes neue und ewige Schöpfung kennt. Der Sonnengesang drückt in raffinierter Komposition aus, woraus Franz sein Vertrauen schöpft. 33 Verse erinnern daran, dass Gottes Sohn selber 33 Jahre mit Leib und Seele in dieser Welt gelebt hat. Weil Christus menschlicher Bruder wurde, verbindet sein Leben und Sterben Himmel und Erde, Vergängliches und Ewiges.

Aktuelle Weckrufe

In seiner Assisipredigt ruft der Papst, vom Sonnengesang des Heiligen inspiriert, allgemein zur achtsamen Sorge für die Schöpfung und zur Friedensarbeit in der Menschheit auf. Das programmatische Apostolische Schreiben bezieht sechs Wochen später die ökologische Verantwortung ganz im Sinne des Franz von Assisi erneut in die evangelische Mission der Kirche ein. Papst Franziskus nimmt dabei einen eindringlichen Appell der philippinischen Bischofskonferenz auf, die ihrem Volk die schon 1988 drängende Frage stellte: »What is Hap-

pening to our Beautiful Land?« Der ökologische Abschnitt aus
Evangelii gaudium, mit dem der Bischof von Rom den Weckruf
seiner Kollegen aufnimmt, lautet:

> Es gibt noch andere schwache und schutzlose Wesen,
> die wirtschaftlichen Interessen oder einer wahllosen
> Abnutzung auf Gedeih und Verderb ausgeliefert sind.
> Ich beziehe mich auf die Gesamtheit der Schöpfung. Wir
> sind als Menschen nicht bloß Nutznießer, sondern Hüter
> der anderen Geschöpfe. Durch unsere Leiblichkeit hat
> Gott uns so eng mit der Welt, die uns umgibt, verbunden,
> dass die Desertifikation des Bodens so etwas wie eine
> Krankheit für jeden Einzelnen ist, und wir können das
> Aussterben einer Art beklagen, als wäre es eine Verstüm-
> melung. Lassen wir nicht zu, dass an unserem Weg Zei-
> chen der Zerstörung und des Todes zurückbleiben, die
> unserem Leben und dem der kommenden Generationen
> schaden. In diesem Sinne mache ich mir die schöne und
> prophetische Klage zu eigen, die vor einigen Jahren die
> Bischöfe der Philippinen geäußert haben: »Eine unglaub-
> liche Vielfalt von Insekten lebte im Wald, und sie waren
> mit jeder Art von eigenen Aufgaben betraut … Die Vögel
> flogen in der Luft, ihre glänzenden Federn und ihre
> verschiedenen Gesänge ergänzten das Grün der Wälder
> mit Farbe und Melodien … Gott wollte diese Erde für
> uns, seine besonderen Geschöpfe, aber nicht, damit wir
> sie zerstören und in eine Wüstenlandschaft verwandeln
> könnten … Nach einer einzigen Regennacht schau auf
> die schokoladen-braunen Flüsse in deiner Umgebung
> und erinnere dich, dass sie das lebendige Blut der Erde
> zum Meer tragen … Wie können die Fische in Abwas-
> serkanälen wie dem Pasig und vielen anderen Flüssen
> schwimmen, die wir verseucht haben? Wer hat die wun-
> derbare Meereswelt in leb- und farblose Unterwasser-
> Friedhöfe verwandelt?« (EG 215).

Das Lehrschreiben des Papstes endet erneut mit dem Blick auf den Poverello, den Patron der Ökologie: »Klein, aber stark in der Liebe Gottes wie der heilige Franziskus, sind wir als Christen alle berufen, uns der Schwäche des Volkes und der Welt, in der wir leben, anzunehmen« (EG 216). Er zielt dabei fundamental auf die Grundhaltung des Menschen der Welt gegenüber. Schärfere Normen für ein ökologischeres Verhalten genügen nicht, um die Erde zu retten: Sie wartet auf ein Umdenken und eine neue Sensibilität der Menschen. Letztlich können nur eine neue Ehrfurcht, eine neue Beziehungsfähigkeit und eine neue Schöpfungsliebe die grundlegende ökologische Wende einleiten.

Solche neue Ehrfurcht und umfassende ökologische Verantwortung erproben sich in kleinen Dingen. Wiederum ermutigt dieser Papst in wacher Umsicht auch konkrete Einzelinitiativen. Menschen, die etwas bewegen, können auf seine Unterstützung zählen, die nicht nur persönliche Stärkung, sondern auch mediale Aufmerksamkeit mit sich bringt. So erfährt die Welt im November vom Giftmüll-Problem in Kampanien, weil Papst Franziskus mit einer Ordensschwester aus Süditalien telefoniert, die in der Provinz Caserta als Lehrerin tätig ist. »Grund für das Telefonat«, so berichtet Radio Vatikan, aber auch die *Süddeutsche Zeitung*, »sei ihr Einsatz für die Menschen in der sogenannte ›Erde des Feuers‹, ein Gebiet zwischen Neapel und Caserta, das von Giftmüll verseucht ist. In den vergangenen Jahren haben sich dort die Todesfälle aufgrund von Krebserkrankungen gehäuft, insbesondere Kinder seien an schweren Krankheiten gestorben. Der Giftmüll wurde von der kriminellen Organisation Camorra in den letzten Jahrzehnten illegal in jenem Gebiet vergraben. Die Ordensschwester hatte zusammen mit Bewohnern des verseuchten

Gebiets in den vergangenen Monaten 150.000 Karten an Papst Franziskus geschickt, auf denen die verstorbenen Kinder und ihre Mütter zu sehen sind.«[292]

Am 9. Dezember 2013 stellt der Papst sich mit Nachdruck hinter die eben begonnene Kampagne »Eine Menschheitsfamilie – Essen für alle« von Caritas Internationalis mit dem Ziel, den Hunger auf der Welt bis 2015 zu beenden. In seiner Botschaft sagt Papst Franziskus dieser Initiative seine volle Unterstützung zu. Er bezeichnet das Hungern einer Milliarde Menschen als Skandal und das tonnenweise Wegwerfen von Nahrung als Sünde. »Die vorhandene Nahrung könnte alle Menschen auf der Welt sättigen.« Und weiter ermutigt er: »Diese Kampagne möchte auch eine Einladung an alle sein, damit uns bewusster wird, wie wir essen, weil wir oft eine verschwenderische Haltung haben und schlecht mit den uns zur Verfügung stehenden Ressourcen umgehen.«[293]

All diese Appelle und Aktionen sind getragen von einer großen Ermutigung: selbst von Gott geschaffen und geliebt zu sein. Die hl. Klara bringt dieses Glück auf ihrem Sterbelager hoffnungsvoll zum Ausdruck. Alt und krank, aber niemals müde geworden, spricht sie am Ende ihres Lebens ein winziges Gebet von großer Kraft: »Du, mein Gott, sei gepriesen, weil du mich erschaffen hast.«[294] Sterbend legt sie das eigene kostbare Leben in die Hand Gottes zurück, aus der alles kostbare Leben kommt – und erweist sich damit als Schwester alles Lebendigen.

In der Freude des Evangeliums
Wozu das erste Jahr des Papstes Glaubende ermutigt

Was sich in das Wohlwollen und die Begeisterung um den neuen Papst knapp ein Jahr nach seinem Amtsantritt am häufigsten mischt, ist die bange oder auch argwöhnische Frage: Sein neuer Stil – sind das alles nur erfrischende Gesten, oder beinhalten sie tatsächlich eine gestalterische und vor allem eine verändernde Kraft? Oder – um das vatikankritische deutsche Magazin *Der Spiegel* zu zitieren: »Hat sich am Heiligen Stuhl nur der Sound geändert, nicht aber die Substanz?«[295] Wie viel der neue »Sound« mit neuer Substanz zu tun hat, haben wir in diesem Buch gezeigt. Wir haben Worte, Taten und Vorhaben des Franziskus von Rom auf der Grundlage seines Vorbildes Franz von Assisi gelesen. Drei Belange, die ihn im Amt des Pontifex diesbezüglich prägen sollten, hatte der neue Papst selbst angekündigt: die Sorge um die Armen, den Frieden und die Bewahrung der Schöpfung. Die franziskanische Spur, die er eingeschlagen hat, erweist sich dabei noch tiefer als erwartet.

Unfreiwillige Armut, das nackte Elend, ist ein Skandal, der in all seinen modernen Spielarten benannt und bekämpft werden muss. Papst Franziskus wird nicht müde, beides vehement zu tun. Er erinnert seine Kirche daran, dass die Schwächsten immer diejenigen sind, die Gott am nächsten stehen. Das Christentum kennt aber – wie übrigens auch alle anderen Religionen – eine Armut in freiwilliger Form und nennt sie die heilende Kraft des Verzichts. Der Volksmund sagt ganz einfach: »Weniger ist mehr.« Keine anderen Heiligen stehen so sehr für diese fröhliche und befreiende Seite der Armut wie Franz und Klara von Assisi. Was sie beispiellos vorgelebt haben und was Menschen aller Zeiten immer wieder inspiriert, es ihnen gleichzutun, ist keine mittelalterliche Vorwegnahme eines modernen »Simplify your life«, sondern das Prinzip christlicher Nachfolge: Gott selbst hat sich arm gemacht, um den Menschen nahe zu sein. Wir sollten das umgekehrt auch tun. Keine Anhäufung von Besitz, keine Karriereleiter, keine Machtposition wird Menschen einander näherbringen – und Gott erst recht nicht. Vor ihm sind alle gleich – gleich arm oder gleich reich, wie man es sehen möchte. Und Arme sind ihm näher. Auf diese zweifache Erkenntnis verweist Jorge Mario Bergoglio selbst in liebenswürdigster Art.

Auch das friedliche Miteinander, auf das Papst Franziskus drängt und hinarbeitet, ist nicht nur die dringende Option der einen Menschheitsfamilie, die in dem einen »Dorf der Welt« immer näher zusammenrückt, sondern grundgelegt in einer – nicht exklusiv, aber doch radikal – franziskanischen Erkenntnis: Den Platz der väterlichen und mütterlichen Autorität in dieser Familie nimmt kein Mensch ein. Das weiß gerade der neue Heilige Vater gut. Außerdem ist er wie Franz von Assisi beseelt von dem Gedanken, dass die Gottesliebe in allen Religionen zum umfassenden Frieden einen wichtigen Beitrag zu leisten hat.

Und schließlich ist auch die Bewahrung der Schöpfung weit mehr als nur ein Vernunftgebot der Stunde. Diese Haltung gründet in unserer Herkunft als Geschöpfe Gottes, der die Erde als gemeinsames »Haus des Lebens« (Gen 1–2) für Pflanzen, Tiere und Menschen unserer kreativen Mitsorge anvertraut hat. Sie erkennt in mystischer Sicht die universale Geschwisterlichkeit aller Geschöpfe und verweist auf unsere Verantwortung für eine zukünftige Welt.

All diese Optionen haben – erst recht im medialen Zeitalter – nicht nur ganz selbstverständlich eine Außenwirkung, sondern zielen geradezu darauf:

> Folglich kann niemand von uns verlangen, dass wir die Religion in das vertrauliche Innenleben der Menschen verbannen, ohne jeglichen Einfluss auf das soziale und nationale Geschehen, ohne uns um das Wohl der Institutionen der menschlichen Gemeinschaft zu kümmern, ohne uns zu den Ereignissen zu äußern, die die Bürger und Bürgerinnen angehen. Wer würde es wagen, die Botschaft des heiligen Franz und der heiligen Klara von Assisi in ein Gotteshaus einzuschließen und zum Schweigen zu bringen? Sie könnten es nicht hinnehmen. Ein authentischer Glaube – der niemals bequem und individualistisch ist – schließt immer den tiefen Wunsch ein, die Welt zu verändern, Werte zu übermitteln, nach unserer Erdenwanderung etwas Besseres zu hinterlassen. Wir lieben diesen herrlichen Planeten, auf den Gott uns gesetzt hat, und wir lieben die Menschheit, die ihn bewohnt, mit all ihren Dramen und Mühen, mit ihrem Streben und ihren Hoffnungen, mit ihren Werten und ihren Schwächen. Die Erde ist unser gemeinsames Haus, und wir sind alle Brüder und Schwestern (EG 183).

Papst Franziskus möge uns verzeihen, wenn wir gemäß dem Duktus dieses Buches die sel. Teresa von Kalkutta, die er an Franziskus' Seite an dieser Stelle eigentlich nennt, die hl. Klara von Assisi eingesetzt haben. Sicherlich hätten hier weitere große Vorbilder Platz, allen voran der hl. Ignatius von Loyola. Wir haben im vorliegenden Buch das erste Jahr des Pontifikats aus franziskanischer Sicht betrachtet und atemberaubende Entdeckungen gemacht. An einigen wenigen Stellen leuchtet dabei auch das ignatianische Profil Bergoglios auf. Eine Relecture dieser Zeit aus ignatianischer Sicht wäre sicher äußerst anregend. In dem großen Interview, das Papst Franziskus im Spätsommer 2013 den Jesuitenzeitschriften gegeben hat, wird bereits einiges davon hörbar.[296] Der Chefredakteur der amerikanischen Jesuitenzeitung *America*, Matt Malone SJ, kommentierte dementsprechend: »Papst Franziskus spricht zu uns als unser Bruder.«[297] Und der Bischof von Münster erklärte in einer Veranstaltung zu *Evangelii gaudium* in seiner Diözese: »Hier spricht ein Jesuit, der viele Exerzitien gegeben hat.«[298]

Was uns zu Beginn des Buches ermutigt hat, ist bis ans Ende geblieben: Wir müssen nicht ohnmächtig nach Rom schauen. Wir sollen auch nicht einfach erfreut, aber tatenlos nach Rom schauen. Wir dürfen mit dem eigenen Leben begreifen, dass Kirche alle sind, das ganze Volk Gottes. Wie Bruder Franz von Assisi braucht auch Franziskus von Rom Brüder und Schwestern – und zwar nicht, weil nur so durchsetzungsfähig wäre, was ihm am Herzen liegt, sondern weil Gott selbst uns auf diese Weise begegnet: Wir sind radikal geliebt. Und deshalb sind wir ganz gefordert. Papst Franziskus schließt sein Apostolisches Schreiben mit eben diesem Gedanken und nennt *Mission*, was das Ergriffensein vom Evangelium, den Drang, es zu leben und davon zu erzählen, meint:

Die Mission im Herzen des Volkes ist nicht ein Teil meines Lebens oder ein Schmuck, den ich auch wegnehmen kann; sie ist kein Anhang oder ein zusätzlicher Belang meines Lebens. Sie ist etwas, das ich nicht aus meinem Sein ausreißen kann, außer ich will mich zerstören. *Ich bin eine Mission* auf dieser Erde, und ihretwegen bin ich auf der Welt. Man muss erkennen, dass man selber »gebrandmarkt« ist für diese Mission, Licht zu bringen, zu segnen, zu beleben, aufzurichten, zu heilen, zu befreien (EG 273).

Dieses Brandmal ist keine mühevolle oder schmerzende Angelegenheit, sondern ein großartiges Geschenk, das Leben schafft, verschönt und vereint. Oder, um am Ende unseres Buches den ersten Satz des Apostolischen Schreibens zu zitieren: »Die Freude des Evangeliums erfüllt das Herz und das gesamte Leben derer, die Jesus begegnen« (EG 1).

Quellen und Literatur

Alle erhaltenen **Quellentexte** von und über Franz und Klara von Assisi liegen in einer deutschen Gesamtausgabe vor:

Zeugnisse des 13. und 14. Jahrhunderts zur Franziskanischen Bewegung
Band I: *Franziskus-Quellen*, hg. von Dieter BERG – Leonhard LEHMANN, Kevelaer 2009 © 2009 Edition Coelde in der Butzon & Bercker GmbH, Kevelaer, www.bube.de.
Band II: *Klara-Quellen*, hg. von Johannes SCHNEIDER OFM – Paul ZAHNER OFM, Kevelaer 2013 © 2013 Edition Coelde in der Butzon & Bercker GmbH, Kevelaer, www.bube.de.

Die einzelnen Quellen werden mit folgenden **Abkürzungen** zitiert:

Franziskus-Quellen (FQ)

1. Aus den Schriften des Heiligen

Gebete:	Auff	Aufforderung zum Lob Gottes
	Vat	Meditation zum Vaterunser
	LobGott	Lobpreis Gottes – für Bruder Leo
	Sonn	Sonnengesang
Vermächtnisse:	Test	Testament
Regeln:	FormKl	Lebensform für Klara und ihre Schwestern
	NbR	Nichtbullierte Regel
	BR	Bullierte Regel
Briefe:	Kler	Rundbrief an alle Kleriker der Kirche
	1 Gl	erster Rundbrief an alle Gläubigen
	2 Gl	zweiter Rundbrief an alle Gläubigen
	Lenk	Rundbrief an die Lenker der Völker

2. Aus den Quellen über Franziskus

Biografien:	1 C	erste Lebensbeschreibung des Thomas von Celano
	2 C	zweite Lebensbeschreibung oder *Memoriale* des Thomas von Celano
	Jul	Julian von Speyer, Das Leben des hl. Franziskus
	LM	Legenda Maior des Bonaventura von Bagnoregio

Gefährtenberichte:	Gef	Die Dreigefährtenlegende
	Per	Textsammlung von Perugia
		(entspricht CA = Compilatio Assisiensis)
	SP	Speculum Perfectionis

Klara-Quellen

1. Aus den Schriften der heiligen Klara

1–4 Agn	vier Briefe Klaras an Agnes von Prag
KlReg	Regel der Klara von Assisi
KlTest	Testament der Klara von Assisi

2. Aus den Schriften und Dokumenten über die Heilige

1 Priv	Innozenz III., Armutsprivileg für San Damiano
2 Priv	Gregor IX., Armutsprivileg für San Damiano
ProKl	Prozessakten aus der Kanonisation Klaras
LebKl	Lebensbeschreibung über Klara von Assisi
BulKl	Heiligsprechungsbulle der hl. Klara

Den **aktuellen Stand der Franziskus- und der Klara-Forschung** spiegelt zum einen der ausführliche Anmerkungsteil in dem genannten zweibändigen Quellenkompendium wider, und außerdem für den deutschen Sprachraum die folgenden Sammelwerke:

Dieter R. Bauer – Helmut Feld – Ulrich Köpf (Hg), *Franziskus von Assisi. Das Bild des Heiligen aus neuer Sicht,* Köln 2005.

Franziskanische Impulse zur interreligiösen Begegnung, Tagungsakten des Symposiums an der Universität Fribourg 4.–5. Mai 2012, hg. von Adrian Holde-regger – Mariano Delgado, Stuttgart 2013.

Klara von Assisi: Zwischen Bettelarmut und Beziehungsreichtum. Beiträge zur neueren deutschsprachigen Klara-Forschung, hg. von Bernd Schmies, Münster 2011.

Klara von Assisi – Gestalt und Geschichte. Beiträge auf der Tagung der Johannes-Duns-Scotus-Akademie, 8.–10. November 2012 in Aachen, hg. von Herbert Schneider, Mönchengladbach 2013.

Die Autorin und der Autor dieses Buches haben über ihre Beiträge in den genannten Sammelwerken hinaus folgende **Publikationen** verfasst, die ihre franziskanische Wertung des ersten Pontifikatsjahres leiten:

Martina KREIDLER-KOS, *Klara von Assisi. Schattenfrau und Lichtgestalt,* Tübingen/Basel [2]2003.

Martina KREIDLER-KOS – Ancilla RÖTTGER – Niklaus KUSTER, *Klara von Assisi. Freundin der Stille – Schwester der Stadt,* Kevelaer 2005, [3]2011.

Niklaus KUSTER, *Franz von Assisi und Benedikt von Nursia. Was Bettelbruder und Mönchsvater spannungsvoll verbindet,* in Yoannes TEKLEMARIAM (Hg.), *Verum, pulchrum et bonum,* Roma 2006, 185–228.

Inspirierte Freiheit. 800 Jahre Franz von Assisi und seine Bewegung, hg. von Niklaus KUSTER – Thomas DIENBERG – Marianne Jungbluth in Zusammenarbeit mit der Fachstelle Franziskanische Forschung (FFF) Münster, Freiburg 2009.

Martina KREIDLER-KOS – Ancilla RÖTTGER, *Gewagtes Leben. 800 Jahre Klara von Assisi und ihre Schwestern,* Freiburg 2011.

Martina KREIDLER-KOS – Niklaus KUSTER, *Christus auf Augenhöhe. Das Kreuz von San Damiano,* Kevelaer, neu bearbeitet [3]2011.

Niklaus KUSTER, *San Damiano und der päpstliche Damiansorden. Die spannungsvolle Gründungsgeschichte der Klarissen im Licht der neuesten Forschung,* in *Collectanea Franciscana* 42 (2012) 253–340.

Niklaus KUSTER, *Franz und Klara von Assisi. Eine Doppelbiografie,* Ostfildern [2]2012.

Niklaus KUSTER, *La santa relazione. Amicizia e autonomia tra Francesco e Chiara d'Assisi,* Bologna 2013.

Niklaus KUSTER, *Franziskus. Rebell und Heiliger,* Freiburg [3]2014.

Anmerkungen

1   Ansprache in der Audienz für Medienvertreter, Aula Paolo VI, 16. März 2013, in: Papst Franziskus, *»Und jetzt beginnen wir diesen Weg«. Die ersten Botschaften des Pontifikats,* Freiburg 2013, 30–31.

2   Zitiert nach: Jürgen Werinhard Einhorn, *Franziskus im Gedicht. Texte und Interpretationen deutschsprachiger Lyrik 1900–2000* (Franziskanische Forschungen 46), Kevelaer 2004, 191.

3   Ebd., 192.

4   »Welt am Sonntag«, Nr. 31, 4. August 2013, 13.

5   Papst Franziskus, Apostolisches Schreiben *Evangelii gaudium* (24. November 2013). Das programmatische Schreiben ist in verschiedenen Ausgaben erschienen: Herder veröffentlicht es mit einer Einleitung von Bernd Hagenkord und einem hilfreichen Register: *Die Freude des Evangeliums,* Freiburg 2013; die Deutsche Bischofskonferenz veröffentlichte es in der Reihe *Verlautbarungen des Apostolischen Stuhls* als Nr. 194: *Apostolisches Schreiben EVANGELII GAUDIUM des Heiligen Vaters Papst Franziskus,* Bonn 2013; im St.-Benno-Verlag erschien: *Die frohe Botschaft Jesu – Aufbruch zu einer neuen Kirche – Das apostolische Schreiben »Evangelii Gaudium – Freude am Evangelium« von Papst Franziskus,* Leipzig 2014. Wir zitieren das »Regierungsprogramm« des Papstes nach seiner textinternen Nummerierung und dem Kürzel EG (© Libreria Editrice Vaticana, Roma 2013).

6   Papst Franziskus, Ansprache im Bischofspalais von Assisi, Sala della Spogliazione, 4. Oktober 2013: in allen Weltsprachen und mit Video auf: www.vatican.va/holy_father/francesco/speeches/2013/october.

7   Die Entzauberung setzt für einige Kurienkardinäle bereits durch den Rücktritt Benedikts XVI. ein: Andreas Englisch, *Franziskus – Zeichen der Hoffnung. Das Erbe Benedikts XVI. und die Schicksalswahl des neuen Papstes,* München 2013, 102–103.

8   Englisch, *Franziskus – Zeichen der Hoffnung,* 283.

9   Wahl, Einsetzung und erste Schritte des neuen Papstes schildert und illustriert Stefan von Kempis, *Papst Franziskus. Wer er ist, wie er denkt, was ihn erwartet,* Freiburg 2013.

10   So die Dreigefährten: in *Franziskus-Quellen. Zeugnisse des 13. und 14. Jahrhunderts zur Franziskanischen Bewegung.* 1, hg. von Dieter Berg – Leonhard Lehmann (= FQ), Kevelaer 2009, 623 (Gef 20). (© 2009 Edition Coelde in der Butzon & Bercker GmbH, Kevelaer, www.bube.de – Zu den Kürzeln für die einzelnen Quellentexte vgl. das Quellen- und Literaturverzeichnis.)

11   Zur Aktion: Englisch, *Franziskus – Zeichen der Hoffnung,* 283; zur neuen päpstlichen Schlichtheit im Vatikan: 279–286.

12   »La Repubblica« titelt am 17. Dezember 2013 (online) sichtlich beeindruckt: »Francesco festeggia il compleanno con 4 clochard«, indem er »ein Grüppchen Obdachloser« aus der Nähe des Vatikans »samt Hündchen« zum Frühstück eingeladen habe, nachdem er mit ihnen und Angestellten des Gästehauses Santa Marta einen »familiären Gottesdienst« gefeiert habe; eingehender schildert solche Episoden der tägliche Newsletter von Radio Vatikan, auf den wir uns stützen, wenn wir keine anderen Quellen nennen.

13	Merkel nahm an der Amtseinsetzung des Papst teil und besuchte ihn danach persönlich im Mai, wo sie ihn mit einer Gesamtausgabe der Werke von Friedrich Hölderlin beglückte: Radio Vatikan vom 25. Mai 2013. Die FAZ vom 25. November 2013 (online) setzt den Bericht über die historische Begegnung mit dem russischen Staatschef unter den Titel: »Ein ›herzliches‹ Treffen«.
14	Domradio.de berichtet am 8. April 2013: »EKD-Ratsvorsitzender schwärmt vom Papst: Unter Brüdern«.
15	Radio Vatikan, Newsletter vom 10. Mai 2013: »Nachfolger Petri trifft Nachfolger Markus'«.
16	Gesten des Papstes werden sogar in der Boulevard-Presse breiter diskutiert: In der »Bild«-Zeitung klärten Albert Link, Andreas Englisch und Victor Reichardt in einem Artikel vom 7. November 2013 (online), dass der entstellte Mann am Morbus Recklinghausen leidet.
17	Privater Bericht des verantwortlichen Pastoralassistenten Claudio Tomassini-Balmer an Niklaus Kuster.
18	»Die Welt« vom 27. Januar 2014 (online) und später der »L'Osservatore Romano« (dt.) Nr. 5, 31. Januar 2014, bringen das bisher noch nie gesehene Bild vom Papst zwischen einem Jungen und einem Mädchen am Fenster der päpstlichen Wohnung. Dieser symbolische Akt bildete den Abschluss der traditionellen »Karawane für den Frieden« der Kinder und Jugendlichen der Katholischen Aktion Italiens.
19	Tobias Käufer, *Zauberwort Revolution*, in »Publik Forum« 15/2013, 39.
20	Deutsch übersetzt in voller Länge auf *www.kath.net/news/43018* (vom 25. September 2013).
21	Das Interview Scalfaris für »La Repubblica« erschien deutsch in *www.zenit.org* am 2. Oktober 2013 und in »L'Osservatore Romano« (dt.). Nr. 41, 11. Oktober 2013.
22	»Corriere della Sera«, 16. November 2013 (online): »Telefonata del Papa ai due giornalisti cacciati da Radio Maria«.
23	»Die Welt«, 18. November 2013 (online): »Das Dilemma des Papstes, der nach Be-ne-de-tto kam«.
24	»Corriere del Veneto« vom 22. August 2013 (online): » Il Papa telefona a studente padovano«.
25	Deutsch erschienen bei Herder: Antonio Spadaro, *Das Interview mit Papst Franziskus*, hg. von Andreas R. Batlogg, Freiburg 2013, 46.
26	»Corriere della Sera« vom 27. August 2013 (online): »Il Papa telefona a una donna argentina vittima di stupro«.
27	»Corriere della Sera« vom 27. August 2013 (online), im gleichen Bericht (»le altre chiamate«).
28	»Papst Franziskus hat am 23. Dezember die Familie des im Juni ermordeten Tankwarts Andrea Ferri angerufen. ›Ich weiß, dass ihr diesmal ein trauriges Weihnachtsfest habt, aber ich denke immer an euch, auch bei der Christmette‹, zitiert anschließend der Bruder des Ermordeten gegenüber Journalisten aus Rom. Ferri war im Juni bei einem Raubüberfall in seiner Heimatstadt Pesaro an der Adriaküste durch einen Kopfschuss getötet worden« (»L'Osservatore Romano« [dt.], Nr. 1, 3. Januar 2014, 3).
29	»Corriere Del Veneto« vom 1. November 2013 (online-Ausgabe): »Papa telefona a ragazzo malato – ›Come parlare tra amici‹.« Die Gesellschaft heißt »Associazione italiana progeria Sammy Basso«.

30 »Corriere Del Veneto« vom 28. Oktober 2013 (online): »*Clochard Scrive Una Lettera Al Papa*«.

31 Zur Erstbegegnung von Franziskus mit dem Papst: *Francesco a Roma dal Signor Papa, Atti del VI Convegno storico di Greccio, 9–10 maggio 2008*, hg. von Alvaro Cacciotti – Maria Melli, Milano 2008. Innozenz III. erlaubte den Brüdern, lebenspraktisch und in den Alltag ermutigend zu predigen, nicht aber Lehrpredigten zu halten.

32 Vgl. FQ (wie Anm. 10), 1239–1240 (SP 22).

33 Vgl. FQ (wie Anm. 10), 1136–1137 (Per 60–61).

34 Vgl. FQ (wie Anm. 10), 1111–1112 (Per 32).

35 Begegnung im Klarissenkonvent am Dom in Münster (Westfalen).

36 Von »Glamourfans in der Kurie« und von Kardinälen, die »hoffen, dass ihm [dem Papst] bald die Luft ausgeht«, schreibt »Die Zeit«, Nr. 50, 5. Dezember 2013, 17.

37 Ansprache bei der Begegnung mit Priestern, Ordensleuten und Pastoralräten in der Kathedrale San Rufino von Assisi: »L'Osservatore Romano« (dt.), Nr. 42, 18. Oktober 2013, 8.

38 »Unter den Chefredakteuren der genannten Kulturzeitschriften, die üblicherweise Jesuiten sind, sind auch zwei Frauen: Lucienne Bittar (*Choisir*, Genf) und Frances Murphy (*Thinking faith*, London).« Andreas R. Batlogg, »Eine neue Lektüre des Evangeliums«, in Spadaro, *Interview mit Papst Franziskus*, 9, Anm. 3.

39 Ebd., 27.

40 Ebd., 27–28.

41 Zur grundlegenden ersten Phase der klassischen dreißigtägigen Exerzitien schreibt Stefan Kiechle, *Ignatius von Loyola*. (Meister der Spiritualität), Freiburg 2001: »Sich in der Ersten Woche als von Gott geliebten Sünder zu erfahren … gehört … zum Schönsten, was Exerzitien bieten können« (83).

42 So Klara im letzten Brief an Agnes von Prag (4 Agn 15): *Zeugnisse des 13. und 14. Jahrhunderts zur Franziskanischen Bewegung. 2: Klara-Quellen. Die Schriften der heiligen Klara, Zeugnisse zu ihrem Leben und ihrer Wirkungsgeschichte*, hg. von Johannes Schneider – Paul Zahner, Kevelaer 2013, 38 (im Folgenden abgekürzt mit KQ – © 2013 Edition Coelde in der Butzon & Bercker GmbH, Kevelaer, www.bube.de).

43 Zum Kreuz von San Damiano: Martina Kreidler-Kos – Niklaus Kuster, *Christus auf Augenhöhe. Das Kreuz von San Damiano*, Kevelaer ³2009.

44 Niklaus Kuster, *Franziskus. Rebell und Heiliger*, Freiburg ²2010, 23–24.

45 Ansprache in der Audienz für Medienvertreter am 16. März 2013, zit. nach: Papst Franziskus, »*Und jetzt beginnen wir diesen Weg*« (wie Anm. 1), 31.

46 Bergoglio war von seinen Bischofskollegen der Dienst des Präsidenten der Redaktionskommission anvertraut worden.

47 Vgl. Fünfte Generalversammlung der Bischöfe von Lateinamerika und der Karibik, *Dokument von Aparecida* (29. Juni 2007).

48 Die stellvertretende Fraktionschefin der Linken empfiehlt der regierenden Mehrheit in neuen Bundestag am 18. Dezember 2013 das päpstliche Lehrschreiben *Evangelii Gaudium* zur Weihnachtslektüre; auch ihr Kollege Gregor Gysi interessiert sich für das, »was der Papst zu sagen hat« (Interview KAN): http://kath.net/news/44209.

49 Solche Fragen stellte explizit etwa das ZDF am 3. November 2013 im Rahmen der Sendung *Sonntags*: abrufbar im Internet: http://www.zdf.de/ZDFmediathek/beitrag/video/2023122/.

50   Die Episode schildern die Dreigefährten und der offizielle Biograf: FQ 617
      und 304 (2 C 8).

51   Aus der Sammlung von Perugia (Per 93), FQ (wie Anm. 10), 1171.

52   Zur Intervention gegen die Initiative des Bruders Johannes de Capella und
      der Ordenskrise nach der Ägyptenreise des Heiligen: Niklaus Kuster, *Franz
      und Klara von Assisi. Eine Doppelbiografie*, Ostfildern ²2012, 88–90.

53   Zitiert nach dem Biografen Thomas von Celano: in FQ (wie Anm. 10), 314
      (2 C 25).

54   Die folgenden Zitate setzen sich zusammen aus dem mündlich Gesagten
      und der schriftlichen Botschaft des Papstes, beide dokumentiert in www.
      vatican.va/holy_father/francesco/speeches/2013/october/documents/
      papa-francesco_20131004_poveri-assisi_ge.htm.

55   Das Motiv der »Entkleidung« von Würdezeichen und Karrieredenken, von
      Privilegien und allem, was Kirchenvertreter von einfachen Menschen abhebt
      oder trennt, erinnert an den Katakombenpakt, den vierzig Bischöfe gegen
      Ende des Zweiten Vatikanischen Konzils als Selbstverpflichtung unterzeich-
      net haben. Eine erste franziskanische Würdigung des Katakombenpaktes
      bietet Anton Rotzetter, *Franziskus – ein Name als Programm*, Kevelaer 2013,
      127–131.

56   Die Episode schildern die offiziellen Biografen und besonders eingehend der
      inoffizielle Gefährtenbericht der Legenda Perusina: vgl. FQ (wie Anm. 10),
      342 (2 C 73), FQ, 1174–1176 (Per 97), FQ, 730 (LM 7 7).

57   Wir zitieren hier die Einheitsübersetzung des Katholischen Bibelwerkes Stuttgart.

58   Vgl. Josef Sayer, *Jorge Bergoglio: »Die Armen sind Müll.« Zu Aparecidas und
      Bergoglios Verständnis der »Option für die Armen«*, in: *Theologische Quartal-
      schrift* 193 (2013), 242–248.

59   Josef Joffe in »Die Zeit«, Nr. 49, 28. November 2013 (online); »New York
      Times« vom 29. Dezember 2013 (online): »Radical Pope, Traditional Values«.

60   Reinhard Kardinal Marx, *Über den Kapitalismus hinaus denken. Anmerkungen
      zum Apostolischen Schreiben »Evangelii gaudium«*, in: »L'Osservatore Roma-
      no« (dt.), Nr. 3, 17. Januar 2014, 5.

61   Den Kirchenlehrer zitiert er in EG 57 mit einem Argument, das Franz von Assi-
      si aufnahm: »Die eigenen Güter nicht mit den Armen zu teilen bedeutet, diese
      zu bestehlen und ihnen das Leben zu entziehen. Die Güter, die wir besitzen,
      gehören nicht uns, sondern ihnen« (De Lazaro conciones II,6: PG 48, 992 D).

62   Menschenhandel ist ein Verbrechen gegen die Menschlichkeit, Ansprache
      von Papst Franziskus am 12. Dezember 2013 bei der Audienz für neue Bot-
      schafterinnen und Botschafter beim Heiligen Stuhl, in: »L'Osservatore Roma-
      no« (dt.), Nr. 1, 3. Januar 2014, 10.

63   Rede von Jorge Mario Kardinal Bergoglio an die Kardinäle vor dem Konklave,
      in: Papst Franziskus, *»Und jetzt beginnen wir diesen Weg«* (wie Anm. 1), 122.

64   »Revolution von oben« nennt »Der Spiegel« das päpstliche Programm: 1. De-
      zember 2013 (online).

65   Zitate und Kommentar: Matthias Kamann, *Heiligung als Warnung*, in »Die
      Welt« vom 9. Juli 2013.

66   Vgl. EG 54.

67   Thomas von Celano, Memoriale, in FQ (wie Anm. 10), 354 (2 C 98).

68   FQ (wie Anm. 10), 59 (Test 1–3), in der Übersetzung von Kuster, *Franziskus*
      (wie Anm. 44), 22.

69 Zum Besuch »in der Suppenküche« Astalli in Rom: http://de.radiovaticana.
va/news/2013/09/10 – Der »Corriere della Sera« berichtet am 10. September
2013 überrascht vom »schutzlosen Besuch« des Papstes im Flüchtlingszent-
rum: »Il Papa senza scorta al centro rifugiati di Roma« und zeigt online ein
Video.

70 Vgl. http://www.dire.it/politica/4341-papa-francesco-visita-rifugiato-roma.dire.

71 Der »Focus« titelt am 6. Februar 2014 (online): »Höllischer Preis für himmlische Harley«.

72 Zum provokativen Aspekt des päpstlichen Assisibesuchs: Niklaus Kuster,
Franziskus in Assisi, in der Zeitschrift *Franziskaner* 2013 (Winter), 15–16.

73 So zitiert die »Süddeutsche Zeitung« den Papst am 25. Dezember 2013 mor-
gens in ihrer Onlineausgabe.

74 Wie oben, Anm. 6.

75 Die Homepage des Vatikans hält die Impulse als Dienst des »Osservatore Romano« gesammelt abrufbar: http://www.vatican.va/holy_father/francesco/
cotidie/2013/index_it.htm.

76 Dazu Aproniano Daniele Csányi, *Optima pars. Die Auslegungsgeschichte von
Lk 10,38–42 bei den Kirchenvätern der ersten vier Jahrhunderte,* in *Studia Mo-
nastica* 2 (1960), 5–78; Ders., *Optima pars. Die Auslegungsgeschichte von Lk
10,38–42 in Geschichte und Gegenwart,* Montserrat 1960.

77 André Cirino – Josef Raischl (Hg.), *Franciscan Solitude,* St. Bonaventure NY
1995, 183–185.

78 »*Religiose stare in eremis*«. Der dichte Text der Regel für Einsiedeleien findet
sich in: FQ (wie Anm. 10), 103–104.

79 Programmatisch skizziert am Beispiel Kafarnaums in Mk 1,21–39; am Beispiel
einer Jüngersendung in Mk 6,30–32, mit zwei Formen des Rückzugs Jesu
über den See und auf einen Berg in Mt 14,13–23; mit dem Berg Tabor und fol-
gendem Wirken (Mk 9) und im Drama der Passionsgeschichte (Mk 14, Mt 26).

80 Jacques de Vitry, *Brief aus Genua (Oktober 1216):* in FQ, 1533–1535. Zur Interpretation: *San Damiano und der päpstliche Damiansorden. Die spannungsvolle
Gründungsgeschichte der Klarissen im Licht der neuesten Forschung,* in: *Collectanea Franciscana* 42 (2012), 253–340, 265–268.

81 FQ (wie Anm. 10), 14 (Auff), 37–38 (LobGott), 40–41 (Sonn), 69–93 (NbR).

82 In der ersten Fassung (NbR 14– 18): FQ, 81–84, in der definitiven (BR 3–6):
FQ (wie Anm. 10), 96–98.

83 Die Kurzformel geht auf den Vertrauten Jerónimo Nadal (1507–1580) zurück.
Dazu Anton Rotzetter, *Ignatius von Loyola,* in: *Lexikon christlicher Spiritualität,* Darmstadt 2008, 261–262.

84 L'Osservatore Romano (it.), Nr. 272, 27. November 2013, deutsch auch digital:
http://de.radiovaticana.va/news/2013/11/26/papstpredigt:_»die_zeit_ist_
der_bote_des_herrn«/ted-750123.

85 Das apostolische Schreiben »Evangelii gaudium« wird von den Medien seines
programmatischen Charakters wegen als solche bezeichnet und gewürdigt.
So titelt etwa die FAZ am 26. November 2013: »Der Traum ist keine Utopie –
Papst Franziskus' Regierungserklärung«.

86 Vgl. Papst Franziskus. *Mein Leben, mein Weg. Die Gespräche mit Jorge Mario
Bergoglio von Sergio Rubin und Francesca Ambrogetti,* Freiburg 2013, 42.

87 Der Text ist vollständig abrufbar auf der Homepage des Vatikans: www.va-
tican.va/holy_father/francesco/ angelus/2013/documents/papa-francesco_
angelus_20130721_ge.html.

88   Zu dieser Versuchung des Franziskus: Kuster, *Doppelbiografie* (wie Anm. 52), 98–99.

89   Vgl. Martina Kreidler-Kos – Niklaus Kuster – Ancilla Röttger, *Klara von Assisi. Freundin der Stille und Schwester der Stadt*, ³2011.

90   Aus dem Testament der heiligen Klara: KQ (wie Anm. 42), 78 (KlTest 19–22).

91   Die heute in Buch- und Tagungstiteln gern verwendete Kurzformel geht zurück auf Johann Baptist Metz, *Zeit der Orden? Zur Mystik und Politik der Nachfolge*, Freiburg 1977.

92   Worte bei der Begegnung mit den Klarissen in der Chorkapelle der Basilika Santa Chiara in Assisi am 4. Oktober 2013, in »L'Osservatore Romano« (dt.), Nr. 42, 18. Oktober 2013, 9.

93   Zeugnis der Schwester Angeluccia im Heiligsprechungsprozess 1253: KQ (wie Anm. 42), 176 (ProKl XIV 37–38).

94   Kiechle, *Ignatius von Loyola* (wie Anm. 41), 120–122.

95   Spadaro, *Interview mit Papst Franziskus* (wie Anm. 25), 74.

96   Evelyn Finger – Christiane Florin – Patrick Schwarz, *Der frohe Botschafter*, in: »Die Zeit«, Nr. 50, 5. Dezember 2013, 17.

97   Spadaro, *Interview mit Papst Franziskus* (wie Anm. 25), 30–31.

98   Hagenkord, *Einleitung zu* Evangelii gaudium (vgl. Anm. 5), 12.

99   Untertitel der bei Herder erschienenen deutschen Ausgabe *Die Freude des Evangeliums*, Freiburg 2013.

100   »Fraternità« – »fraternidad« – »fraternité« und »fraterno« beziehen sich in allen lateinischen Sprachen auf beide Geschlechter.

101   Das italienische Original lautet mit Hervorhebung von »mystisch«: »è una fraternità *mistica*, contemplativa, che sa guardare alla grandezza sacra del prossimo«.

102   Klaras vierter Brief an Agnes von Prag (um 1253): KQ (wie Anm. 42), 38–39 (4 Agn 19–23).

103   Baugeschichte, Einrichtung und Atmosphäre im Gästehaus schildert anschaulich: Englisch, *Franziskus – Zeichen der Hoffnung* (wie Anm. 11), 145–150 (»Das Hotel der Kardinäle«).

104   Die Originaltexte finden sich in FQ (wie Anm. 10), 98 (BR 6,2–5) und KQ (wie Anm. 42) 66 (KlReg 8,1–4, unter Zuhilfenahme einer Übersetzung von Anton Rotzetter).

105   Der poetische Dreiklang »arme Geburt – armes Leben – nacktes Sterben« in Klaras viertem Brief an Agnes: KQ (wie Anm. 42), 38–39 (4 Agn 19–23), findet sich noch dichter im Bericht der Dreigefährten über die Christusliebe des jungen Franziskus: FQ (wie Anm. 10), 624–625 (Gef 22).

106   Marco Politi, *Benedikt. Krise eines Pontifikats*, Berlin 2012, 48–82 (Konklave und Präsentation).

107   Ausführlicher dazu: Kuster, *Franziskus* (wie Anm. 44), 99–104 (Absage an patriarchale Muster).

108   »La primavera della Chiesa« titelt Enzo Bianchi, der Gründer der ökumenisch-monastischen Gemeinschaft von Bose, seinen Gastartikel in »La Repubblica« vom 4. Dezember 2103 (online).

109   Kuster, *Doppelbiografie* (wie Anm. 52), 51–57, 60–71. Martina Kreidler-Kos – Ancilla Röttger, *Gewagtes Leben. 800 Jahre Klara von Assisi und ihre Schwestern*, Freiburg 2011, 14–29.

110   Zur Interpretation der »Forma vivendi« von San Damiano: Bernd Schmies (Hg.), *Klara von Assisi. Zwischen Bettelarmut und Beziehungsreichtum. Beiträge zur neueren deutschsprachigen Klara-Forschung*, Münster 2011, 62–65, 97–99, 206–210.

111	Martina Kreidler-Kos (Hg.), *Von wegen von gestern! Der Lebenskunst großer Frauen begegnen*, Kevelaer 2012, 22–32.
112	Eröffnungsteil im ersten Brief an die Gläubigen: FQ (wie Anm. 10), 123–124 (1 Gl 1,1.5–10).
113	So die Ordensregel von 1221 (NbR 23,7–8) in FQ (wie Anm. 10), 91–92.
114	Vgl, FQ (wie Anm. 10), 136–137 (Lenk). Werden und Weite von Franziskus' universaler Geschwisterlichkeit untersucht der Symposiumsbeitrag: Niklaus Kuster, *Der eine Gott und die vielen Religionen. Die universale Vision des Franz von Assisi*, in: Adrian Holderegger – Mariano Delgado – Anton Rotzetter (Hg.), *Franziskanische Impulse für die interreligiöse Begegnung* (Religionsforum 10), Stuttgart 2013, 13–34.
115	Illustrative Beispiele haben wir im 1. Kapitel »Begegnungen auf Augenhöhe« dargestellt.
116	Kuster, *Franziskus* (wie Anm. 44), 150–154 (= »Eine ›Magna Charta‹ christlicher Geschwisterlichkeit«).
117	Die Ermahnungen findet sich gesammelt in FQ (wie Anm. 42), 44–55.
118	Das Titelseite der Dezemberausgabe von »The Advocate« zeigt den Papst als »Person of the year« und zitiert seine Antwort an Journalisten des Weltjugendtages: »If someone is gay and seeks the Lord with good will, who am I to judge. »Die Welt« vom 18. Dezember 2013 (Onlineausgabe) berichtet dazu unter dem reißerischen Titel »Schwulenmagazin kürt Papst zur ›Person des Jahres‹«.
119	Der Text des Angelus findet sich digital auf der Homepage des Vatikans. Radio Vatikan titelt dazu im Newsletter vom 3. November 2013: *»Papst: Gott liebt auch die schlimmsten Verbrecher«.*
120	Spadaro, *Interview mit Papst Franziskus* (wie Anm. 25), 56.
121	Regina Heyder, *Frauen beim Konzil*, in *Die Tür ist geöffnet. Das Zweite Vatikanische Konzil – Leseanleitung aus Frauenperspektive*, hg. von der Theologischen Kommission des Katholischen Deutschen Frauenbundes, Münster 2013, 15–23, 15.
122	In jüngster Zeit wird zunehmend aufmerksamer nachgefragt, welchen Beitrag sie mit ihrer Arbeit während des Konzils geleistet haben, vgl: *Die Tür ist geöffnet* (wie Anm. 121), 15–23.
123	Konzilskonstitution *Gaudium et spes* 29.
124	Sr. Juliana Thomas ADJC, *Apostolicam actuositatem* 9 zitierend; vgl. *Die Tür ist geöffnet* (wie Anm. 121), 21.
125	Spadaro, *Interview mit Papst Franziskus* (wie Anm. 25), 56.
126	Päpstlicher Rat für Gerechtigkeit und Frieden, *Kompendium der Soziallehre der Kirche*, Freiburg 2006, 295. Zitiert nach *Evangelii gaudium* 103.
127	Johanna Rahner in einem Interview zur Veröffentlichung des Papstinterviews im Herbst 2013 in »Die Zeit«, Nr. 40, 26. September 2013, 70.
128	Karl Kardinal Lehmann im Interview mit Johannes Schidelko von der Katholischen Nachrichten-Agentur, zit. nach »Schwäbische Zeitung« vom 20. Januar 2014.
129	Dokumentation des Studientages der Deutschen Bischofskonferenz während der Frühjahrsvollversammlung am 20. Februar 2013 in Trier: Franz-Josef Bode (Hg.), *Als Frau und Mann schuf er sie. Über das Zusammenwirken von Frauen und Männern in der Kirche*, Paderborn 2013, 92.
130	»Die Zeit«, Nr. 50, 5. Dezember 2013, 19: »Der frohe Boschafter«.
131	Vgl. hierzu Martina Kreidler-Kos (Hg.), *Maria von Nazaret. Annäherungen*, Kevelaer 2014.

132	Klaras Testament, in KQ (wie Anm. 42), 79 (KlTest 27–29).
133	Die Nonnenpolitik Gregors IX. und seiner Nachfolger findet sich im Spiegel der Quellen nachgezeichnet in KQ (wie Anm. 42), 383–551 (= »Dossier zum päpstlichen Damiansorden« und »Päpstliche Regeltexte«).
134	Leben der heiligen Klara, in KQ, 308 (LebKl 14); zum Konflikt vgl. die Prozesszeuginnen (ProKl I 13,38–39; II 22,74–77; III 14,37), in KQ (wie Anm. 42), 124, 133, 136; Heiligsprechungsbulle, in KQ (wie Anm. 42), 272 (BulKl 17).
135	Die Armutsprivilegien von Innozenz III. und Gregor IX. finden sich in KQ (wie Anm. 42), 358–365 (1 und 2 Priv).
136	Thomas von Celano, Memoriale, in FQ (wie Anm. 10), 410 (2 C 204).
137	Englisch, *Franziskus – Zeichen der Hoffnung* (wie Anm. 11), 12.
138	Kuster, *Franziskus* (wie Anm. 44), 184–187 (= »Wenn der Ärmste zum Maßstab wird«), dazu 192–199.
139	»Deutsch-türkische Nachrichten« vom 18. März 2013 (online), digital abrufbar unter http://www.deutsch-tuerkische-nachrichten.de/2013/03/471215/.
140	»Deutsch-türkische Nachrichten« vom 25. März 2013 (online): http://www.deutsch-tuerkische-nachrichten.de/2013/03/472044/.
141	»Ansprache von Papst Franziskus an seine Gnaden Justin Welby, Erzbischof von Canterbury und Primas der anglikanischen Gemeinschaft« vom 14. Juni 2013, abrufbar auf der Vatikan-Homepage.
142	Radio Vatikan, Newsletter vom 11. November 2013.
143	Zitiert nach Radio Vatikan, Newsletter vom 10. Mai 2013.
144	Radio Vatikan, Newsletter vom 20. Dezember 2013.
145	Predigt von Papst Franziskus am 25. Januar 2014 zum Abschluss der Gebetswoche für die Einheit der Christen, in: »L'Osservatore Romano« (dt.), Nr. 5, 31. Januar 2014, 7.
146	Videobotschaft in verschiedenen Weltsprachen auf der Homepage des ukrainischen *Byzantine Catholic Patriarchate*: http://vkpatriarhat.org.ua/en/?p=6431.
147	Die Nachricht vom 10. April ist abrufbar unter: http://religion.orf.at/stories/2579203/; Thomas Jansen bestätigt den Bericht der Katholischen Nachrichten-Agentur KNA, www.kna.de vom 10. April 2013.
148	Der Bericht ist abrufbar auf: www.domradio.de, Nachricht zum 10. April 2013.
149	»Die Zeit«, Nr. 30, 18. Juli 2013,.
150	Dritter Brief an Agnes von Prag, in KQ (wie Anm. 42), 31 (3 Agn 3–4 in der Übersetzung von Martina Kreidler-Kos).
151	»La Stampa« vom 15. Dezember 2013; deutsch zitiert nach Radio Vatikan, Newsletter vom 15. Dezemver 2013.
152	Zur Bedeutung dieser Gebetstreffens der Kirchen und Weltreligionen, die sich ausdrücklich auf den »Geist von Assisi« und Franziskus berufen: Niklaus Kuster, *Gott auf der Spur – Pilgern als Suche nach Gott in Geschichte und Gegenwart*, in: Jürgen Henkel – Nikolaus Wyrwoll (Hg.), *Askese versus Konsumgesellschaft. Aktualität und Spiritualität von Mönchtum und Ordensleben im 21. Jahrhundert* (DRThB 4), Bonn – Hermannstadt 2013, 396–407; Comunità di Sant'Egidio, *Lo spirito di Assisi. Dalle religioni una speranza di pace*, Cinisello Balsamo 2011.
153	Mit dem Fortschreiten der Kreuzzüge wurden auch in anderen Ostkirchen lateinische Patriarchen eingesetzt, die nach westlichem Verständnis die Jurisdiktion übernahmen und die alten Kirchen mit Rom vereinten: 1098 im syrischen Antiochia, 1099 in Jerusalem, 1214 im ägyptischen Alexandrien.

154 Bezeichnend dafür die entsprechenden Regelkapitel: FQ (wie Anm. 10), 70–72 (NbR 2) und FQ (wie Anm. 10), 95–96 (BR 2).

155 So der offizielle Biograf Thomas von Celano (2 C 193) in: FQ (wie Anm. 10), 404.

156 Zur Bedeutung des Heiligen Geistes im frühen Franziskanerorden: Kuster, *Franziskus* (wie Anm. 44), 145–170.

157 Zu den entsprechenden Konflikten zwischen San Damiano und der römischen Kurie: Schmies (Hg.), *Klara von Assisi* (wie Anm. 110), 117–126, 193–211, 385–403.

158 Die Quellentexte finden sich in FQ (wie Anm. 10), 94 (BR 1,1) und 102 (BR 12,4), FQ, 68 (FormKl).

159 Klaus Reblin, *Freund und Feind. Franziskus von Assisi im Spiegel der protestantischen Theologiegeschichte*, Göttingen 1988.

160 So formuliert es der programmatische erste Satz der frühen Regel von 1221: FQ (wie Anm. 10), 70 (NbR 1,1).

161 Brief an Bruder Leo: FQ (wie Anm. 10), 107. Wir übersetzen »cum oboedientia mea« gegenseitig: hier konkret also »brüderlich verbunden«, denn »in oboedientiam recipere« bedeutet Aufnahme in die Bruderschaft.

162 Franziskus, Meditation zum Vaterunser: FQ (wie Anm. 10), 31–32 (Vat 5).

163 Paolo Farinella, *Habemus papam: Francesco. Il primo pontefice del terzo millennio in un racconto profetico che arriva da un eremo di Gerusalemme*, Milano 1999.

164 Paolo Farinella, *Habemus papam. La leggenda del Papa che abolì il Vaticano*, San Pietro in Cariano 2012.

165 Friedrich Prinz, *Das wahre Leben der Heiligen. Zwölf historische Porträts,* München 2003, 258–296.

166 Film »Fratello Sole – Sorella Luna«, dt. »Bruder Sonne – Schwester Mond«, Regie: Franco Zeffirelli, I/GB 1972. Film »Francesco«, Regie: Liliana Cavani, I/D 1989 (mit Mickey Rourke in der Hauptrolle).

167 Zur poetischen Wendung aus der Ordensregel vgl. Anm. 104.

168 Auf diesen Befund kommt Michel Hubaut, *Saint François et l'Église*, Paris 2007.

169 Dazu: Kuster, *Franziskus,* 132–142.

170 Vgl. Kreidler-Kos – Röttger – Kuster, *Klara von Assisi*, 49–126. Schmies, *Klara von Assisi,* 314–318 (Neue Chronologie) und 444–448 (Von eigenem Wohlklang).

171 Aus Klaras Ordensregel: KQ (wie Anm. 42), 69 (KlReg X,4).

172 Aus Klaras Ordensregel: KQ (wie Anm. 42), 61 (KlReg IV,7).

173 Niklaus Kuster, *San Damiano und der päpstliche Damiansorden. Die spannungsvolle Gründungsgeschichte der Klarissen im Licht der neuesten Forschung,* in Paul Zahner (Hg.), *Lebendiger Spiegel des Lichtes: Klara von Assisi. Beiträge zum Grazer Symposium vom 12.–13. November 2010,* Norderstedt 2013, 19–119, sowie in *CFr* 42 (2012) 253–340.

174 Kuster – Kreidler-Kos, *Christus auf Augenhöhe* (wie Anm. 43), 22–53.

175 In Fresken, Ikonen oder Skulpturen gefasste »Bibel für die Armen« und alle, die nicht lesen konnten: im Mittelalter die große Mehrheit des christlichen Volkes.

176 Zum Profil der franziskanischen Orden in Geschichte und Gegenwart: *Inspirierte Freiheit. 800 Jahre Franziskus und seine Bewegung,* hg. von Niklaus Kuster – Thomas Dienberg – Marianne Jungbluth in Zusammenarbeit mit der Fachstelle Franziskanische Forschung (FFF), Freiburg 2009.

177 »Die Zeit«, Nr. 41, 2. Oktober 2013, 60.

178   »Tagesanzeiger« vom 18. Oktober 2013: www.tagesanzeiger.ch/ausland/
       europa/Der-Papst-wird-nie-Franziskus/story/17623279 (© Michael Meier).

179   Ebd.

180   Ebd.

181   So Thomas von Celano im Memoriale (»vita secunda«): FQ (wie Anm. 10),
       262–263 (1 C 103).

182   Interview in »Die Zeit«, Nr. 41, 2. Oktober 2013, 60.

183   Peter Hummel, *Generation Franziskus. Wie der Papst der Armen uns alle berei-
       chert*, Paderborn 2013, 195.

184   Bei facebook.com/GenerationFranziskus.

185   Hagenkord, *Einleitung zu* Evangelii gaudium (vgl. Anm. 5), 35.

186   Ebd., 38.

187   Radio Vatikan, Newsletter vom 30. September 2013.

188   Radio Vatikan, Newsletter vom 22. Mai 2013. Vgl. EG 12, 105, 112, 116–119,
       130–132, 259–261.

189   KNA und KIPA (1. Oktober 2013), zitiert nach www.kipa-apic.ch/index.
       php?na=0,0,0,0,d&ki=247259.

190   Vgl. Radio Vatikan, Newsletter vom 16. Dezember 2013.

191   Ende 2013 sind denn auch viele Schlüsselposten noch immer nur provisorisch
       besetzt. Bericht zur Arbeit des Reformrates: Radio Vatikan, Newsletter vom
       2. Dezember 2013.

192   »Die Welt« vom 27. November 2013 (online): http://www.welt.de/print/
       die_welt/article122299807/.

193   »Süddeutsche Zeitung« vom 27. November 2013, S.6.

194   »Frankfurter Rundschau« vom 27. November 2013, Titelseite.

195   Kommentar zum Lehrschreiben: Daniel Deckers in der FAZ vom 26. Novem-
       ber 2013: www.faz.net/-gpf-7jtj7.

196   Jan-Heiner Tück im Feuilleton der »Neuen Zürcher Zeitung« vom 1. Dezem-
       ber 2013 (online).

197   Papst Franziskus zu Beginn des Apostolischen Segens nach der Wahl am 13.
       März 2013, in: ders., *»Und jetzt beginnen wir diesen Weg«* (wie Anm. 1), 15.

198   Englisch, *Franziskus* (wie Anm. 11), 9–25, seit 25 Jahren als Italien-Korres-
       pondent in Rom und mit dem Vatikan bestens vertraut, beschreibt die Wahl
       Bergoglios als *Worst-case*-Szenario der Kurienkardinäle und nennt die Grün-
       de, weshalb diese den Primas Argentiniens schon länger loswerden wollten.
       Zu den ersten provokativen Zeichen: Ebd., 279–286.

199   Fünfte Generalversammlung der Bischöfe von Lateinamerika und der Kari-
       bik, *Dokument von Aparecida* (29. Juni 2007), zitiert in EG 10, 15, 25, 83, 122,
       124, 181.

200   Joseph Ratzinger, *Das neue Volk Gottes. Entwürfe zur Ekklesiologie*, Düsseldorf
       1969, hier zit. ²1970, 121–146 (= »Primat und Episkopat«), 136.

201   Ebd., 220.

202   Jacques de Vitra, *Historia Occidenatlis*, in FQ, 1538–1542.

203   Zur politischen Entwicklung der frühfranziskanischen Bewegung: Jacques
       Dalarun, *François d'Assise ou le Pouvoir en question. Principes et modalités du
       gouvernement dans l'Ordre des Frères Mineurs*, Bruxelles – Paris 1999; engl.:
       Francis of Assisi and power, Saint Bonaventure NY 2007.

204   Definitive Ordensregel von 1223 (BR 4), in FQ (wie Anm. 10), 97.

205   Radio Vatikan, Newsletter vom 12. Januar 2014 (Bericht vom 22. Februar
       2014).

206 Die Zeitung »El País« kündigt der spanischsprachigen Welt am 1. Oktober 2013 »el inicio de una Iglesia con organización más horizontal« an.

207 Zum Empfang des 85-jährigen Dominikaners: Radio Vatikan, Newsletter vom 14. September 2014.

208 Isabel Allende, *Mein erfundenes Land*, Frankfurt a. M. 2008, 69 und 72–73.

209 Lorenzo Baldisseri im Interview mit Gudrun Sailer (Radio Vatikan), veröffentlicht in: »Die Zeit«, Nr. 46, 7. November 2013, 66.

210 Beide Zitate des Generalsekretärs: ebd.

211 Ebd.

212 »Süddeutsche Zeitung« vom 29. Januar 2014, 4.

213 Quelle: umfrage.bdkj.de..

214 Die Zeit, Nr. 46, 7. November 2013.

215 www.bdkj.de/bdkjde/themen/vatikan-umfrage/kommentierung-durch-den-bundesvorstand.html (Zugriff 23.01.14).

216 »Der Spiegel«, Nr. 5, 27. Januar 2014, 34.

217 Markus Büchel, Bischof von St. Gallen und Präsident der SBK, kommentiert die Ergebnisse der Umfrage für die Schweiz an einer Medienkonferenz vom 4. Februar 2014: Der Bericht im Zürcher »Tagesanzeiger« vom gleichen Tag (online) titelt: »Katholiken hadern mit Sexualmoral der Kirche«.

218 »Süddeutsche Zeitung« vom 29. Januar 2014, 4.

219 Klara Obermüller, *Wie steht's mit der Ehe?* in: www.journal21.ch (Beitrag vom 29. Januar 2014 © Klara Obermüller).

220 Evelyn Finger in: »Die Zeit«, Nr. 6, 30. Januar 2014, Titelseite.

221 Vgl. Anm. 1.

222 Ansprache in der Audienz für das Diplomatische Korps in der Sala Regina am 22. März 2013, in: Papst Franziskus, *»Und jetzt beginnen wir diesen Weg«* (wie Anm. 1), 54–56.

223 Dazu und zum »Spirit von Assisi« eingehend unten, Kapitel 10.

224 Schilderung mit Quellenzitaten (2 C 37) und Kommentar: Kuster, *Franz und Klara*, 78–79.

225 Eingehend dargestellt, mit ausführlichem Quellenzitat (Split): Kuster, *Franz und Klara*, 102–103.

226 Mit Quellenzitat (Per 108), Giotto-Bild und Kommentar: Kuster, *Franz und Klara*, 77–78.

227 Zu diesen frühen Expeditionen des Poverello: FQ (wie Anm. 10), 232–233 (1 C 55–56), 547 (Jul 34), 744–745 (LM IX 6).

228 Die Begegnung mit dem Islam untersuchen eingehender: Jan Hoeberichts, *Feuerwandler. Franziskus und der Islam*, Kevelaer 2001; Pacifico Stella, *San Francesco e l'incontro con il sultano d'Egitto*, in: *Antonianum* 80 (2005) 485–498; John Tolan, *Il santo dal sultano. L'incontro di Francesco d'Assisi e l'islam*, Roma – Bari 2009.

229 Zu diesen Rundschreiben: FQ (wie Anm. 10), 121–137 (Kler, 1–2 Gl, Lenk); Leonhard Lehmann, *La dimensione universale negli Scritti di Francesco d'Assisi*, in: Andrzej Tomkiel (Hg.), *Due volti del francescanesimo,*, Roma 2002, 89–125.

230 FQ (wie Anm. 10), 91–92 (NbR 23,7–8) mit reichen biblischen Bezügen. Dazu eingehend: Niklaus Kuster, *Hoffnung für alle Menschen und Liebe zu jedem Geschöpf. Die universale Vision des Franz von Assisi*, in: Petrus Bsteh – Brigitte Proksch (Hg.), *Das Charisma des Ursprungs und die Religionen. Das Werden christlicher Orden im Kontext der Religionen* (Spiritualität im Dialog 3), Münster 2011, 146–170, 166–167.

231   Eine kritische Bilanz von Benedikts XVI. Gehversuchen auf der politischen
       Weltbühne ziehen Englisch, *Franziskus* (wie Anm. 11), 57–67, 78–79; und ein-
       gehend: Marco Politi, *Benedikt* (wie Anm. 106).

232   Die Ernennung kommentiert mit wachem Interesse »La Repubblica« vom 31.
       August 2013 (online).

233   Radio Vatikan, Newsletter vom 17. August 2013.

234   Radio Vatikan, Newsletter vom 18. August 2013.

235   Siehe eingehender unten, Kapitel 9.

236   Wie sehr der Papst damit Politik und Medien beeindruckte, zeigt der Bericht
       in der italienischen Nationalzeitung *Corriere della Sera* vom 5. September 2013.

237   Radio Vatikan, Newsletter vom 11. Oktober 2013.

238   Bericht in »La Repubblica« vom 2. Dezember 2103 und in Radio Vatikan,
       Newsletter vom 2. Dezember 2013.

239   So die Schlagzeile auf *Spiegel online* vom Besuchsabend mit Fotoreportage.
       Die FAZ vom 25. November 2013 (online) betitelt den ausführlichen Bericht:
       »Ein ›herzliches‹ Treffen«.

240   So »El País« vom 7. November 2013 (online: internacional.elpais.com).

241   Ausführlicher Bericht über den Besuch vom 6. Mai 2013 in der NZZ (online)
       desselben Tages.

242   So kündet Radio Vatikan den Besuch im Newsletter vom 10. Januar 2014 an.
       Über den Besuch berichtet »Le Monde« ausführlich am 25.01.2014 (online)
       und »El País« am 24. 01. 2014 (online).

243   Radio Vatikan, Newsletter vom 14. Januar 2014.

244   Radio Vatikan, Newsletter vom 2. Oktober 2013.

245   Vgl. Radio Vatikan, Newsletter vom 15. Juni 2013.

246   Zur Wirtschaftskritik des Papstes siehe oben, Kapitel 2.

247   Radio Vatikan, Newsletter vom 16. Mai 2013.

248   »New York Times« vom 29. Dezember 2013, Opinion Pages (online).

249   Papst Franziskus, *»Und jetzt beginnen wir diesen Weg«* (wie Anm. 1), 56. Die
       Ansprache vom 22. März 2013 in der Sala Regia des Vatikans lässt sich auch
       in Text und Video auf der Homepage des Vatikans abrufen: http://www.vati-
       can.va/holy_father/francesco/speeches/2013.

250   Bericht und Kommentar in »Deutsch Türkische Nachrichten« vom 22. März
       2013 (online).

251   Politi, *Benedikt* (wie Anm. 106), 107–139 (»Das Regensburger Desaster«).

252   Bericht in der KNA und in Radio Vatikan, Newsletter vom 24. August 2013.

253   Radio Vatikan, Newsletter vom 11. August 2013; die Angelusansprache auf der
       Vatikan-Homepage.

254   »Katholikal« bezeichnet seit 2000 in der Schweiz analog zu Evangelikalen
       fundamentalistische Gläubige in der katholischen Kirche: SKZ 2001/Nr. 26
       und 31/32. In Österreich diskutiert »Wir sind Kirche« 2008 erstmals über die
       »Katholikale Geisterfahrt«: so titelt der Beitrag auf www.wir-sind-kirche.at
       vom 17.11.2008; www.mykath.de fragt am 2. Februar 2012 auch in Deutsch-
       land »Was ist katholikal?«

255   Vgl. http://poschenker.wordpress.com/2013/08/12.

256   So titelt ein Rückblick auf die ersten Monate: www.domradio.de/themen/
       papst-franziskus/2013-08-17; den Bericht zitieren wir im Folgenden aus die-
       ser Quelle.

257   »Signal für Dialog mit Al-Azhar-Universität in Kairo« titelt Radio Vatikan
       dazu im Newsletter vom Tag.

258 KNA vom 19. September 2013, zitiert von Radio Vatikan, Newsletter desselben Tages.

259 Radio Vatikan, Newsletter vom 3. Dezember 2013.

260 Bericht in Radio Vatikan, Newsletter vom 4. September 2013.

261 So Flavio Lotti von der Tavola per la Pace in: «La Repubblica« vom 4. September 2013 (Onlineausgabe).

262 Iso Baumer, *Friedensgebet auf dem Petersplatz*: Rundmail vom 9. September 2013 u. a. an Niklaus Kuster.

263 Der Aufruf »Findet eine friedliche Lösung für Syrien!« findet sich zitiert in Radio Vatikan, Newsletter vom 5. September 2013.

264 Bericht in Radio Vatikan, Newsletter vom 7. September 2013. Der Nuntius in Syrien berichtet zwei Tage später von einem »riesigen Echo« im Land, unter allen drei Religionen: KNA, Bericht vom 9. September 2013.

265 Botschaft *Urbi et Orbi* mit dem Text in den Weltsprachen und Video auf: www.vatican.va.

266 Papst Franziskus, *Über Himmel und Erde. Jorge Bergoglio im Gespräch mit dem Rabbiner Abraham Skorka*, München 2013.

267 Abraham Skorka, Vorwort, in: Papst Franziskus. *Mein Leben, mein Weg* (wie Anm. 86), 7–8 (H. i. O).

268 Radio Vatikan, Newsletter vom 24. Juni 2013.

269 So etwa in »Der Katholik und die Welt« vom 14. November 2013.

270 Bericht mit einem Rückblick auf acht Monate Pontifikat: http://www.katholisches.info/2013/10/24/.

271 »Tachles« vom 28. Oktober 2013 (online).

272 Radio Vatikan, Newsletter vom 24. Oktober 2013; ebenso über KNA und www.kath.net/news/43399.

273 Ausführliche Ankündigung mit den deutschen Mitwirkenden in »Die Welt« vom 21. November 2013: www.welt.de/print/die_welt/politik/article122104666/Vorhof-der-Voelker.html.

274 Radio Vatikan, Newsletter vom 27. November 2013.

275 Chiara Frugoni, *Francesco e le terre dei non cristiani*, Milano 2012.

276 Dazu neu: Leonhard Lehmann, *Francesco incontra il sultano: L'inizio di una missione di pace. Studio comparativo delle più antiche fonti*, in *Miscellanea Franciscana* 112 (2012), 504–556.

277 Jan Hoeberichts, *Feuerwandler. Franziskus und der Islam*, Kevelaer 2001, 136, dazu 112–114.

278 Ebd., 136, 189–197. Zum Ringen um die Konzilserklärung über das Judentum und die nichtchristlichen Religionen: Comunità di Sant'Egidio, *Lo spirito di Assisi. Dalle religioni una speranza di pace* (wie Anm. 152), 13–23. Zur franziskanischen Inspiration damals und heute: Andreas Müller, *Prophetischer Protest. Franz von Assisi als Impulsgeber für Konzil und Kirche heute*, Würzburg 2014.

279 Zum Treffen vom 27. Oktober 1986 (mit allen Gebetstexten): *Die Friedensgebete von Assisi*, mit einer Einleitung von Franz König und einem Kommentar von Hans Waldenfels, Freiburg 1987.

280 Entsprechende Wertungen zitiert Comunità di Sant'Egidio, *Lo spirito di Assisi*, 7–11. Dazu vertieft: Alberto Melloni, *Da »Nostra Aetate« ad Assisi 1986. Cornici e fatti di una recezione creativa del Concilio Vaticano II*, in *Convivium Assisiense* 9/1 (2007), 63–89.

281 Julien Ries, *Incontro e dialogo. Cristianesimo, religione e culture*, Milano 2009, 193.

282   Comunità di Sant'Egidio, *Lo spirito di Assisi* (wie Anm. 152), 37–38.

283   Vgl. das Schlusswort in Comunità di Sant'Egidio, *Lo spirito di Assisi* (wie Anm. 152), 195, dazu 70 (»Francesco, apostolo della pace evangelica«). Eine franziskanische Würdigung des ganzen Prozesses bietet Pietro Messa, *Dallo »Spirito di Assisi« alla libertà religiosa. Un percorso di 25 anni*, in *In Caritate Veritas*, a cura di Paolo Martinelli, Bologna 2011, 697–711.

284   »L'Osservatore Romano« (dt.), Nr. 40, 4. Oktober 2013, 3.

285   Zeugnis der Sr. Benvenuta von Perugia: in KQ (wie Anm. 42), 133 (ProKl II 69).

286   Zeugnis der Sr. Filippa di Leonardo di Gislerio: in KQ (wie Anm. 42), 138–139 (ProKl III 59–65) und Sr. Beatrice di Favarone 171 (ProKl XII 25–28).

287   Homilie beim Pastoralbesuch in Assisi, 4. Oktober 2013, in alle Sprachen übersetzt auf der Homepage des Vatikans (»Ansprachen«).

288   Der Text des Sonnengesangs findet sich in FQ (wie Anm. 10), 40; mit der umbrischen Originalversion und ausführlichem Kommentar in Kuster, *Franziskus* (wie Anm. 44), 114–124.

289   Dazu ausführlich: Kuster, *Franziskus* (wie Anm. 44), 199–202.

290   Die Episode findet sich mit anderen Tiergeschichten bei Thomas von Celano: FQ (wie Anm. 10), 391–392 (2 C 168).

291   Thomas von Celano: FQ (wie Anm. 10), 388–389 (2 C 165), vgl. FQ (wie Anm. 10), 247–248 (1 C 81).

292   Radio Vatikan, Newsletter vom 19. November 2013; ebenso »Süddeutsche Zeitung«, Bericht vom selben Tag.

293   Bericht und voller Text der Botschaft: Radio Vatikan, Newsletter vom 9. Dezember 2013.

294   Dritte Zeugin im Heiligsprechungsprozess der hl. Klara: KQ (wie Anm. 42), 139. Vgl. dazu ausführlicher: Martina Kreidler-Kos, *Von eigenem Wohlklang. Beobachtungen zur neuen deutschen Übersetzung des Heiligsprechungspozesses der Klara von Assisi*, in: Schmies (Hg.), *Klara von Assisi* (wie Anm. 110), 439–505.

295   »Der Spiegel«, Nr. 5, 27. Januar 2014, 34.

296   Vgl. Spadaro, *Interview mit Papst Franziskus* (wie Anm. 25), v. a. 29–40 und 59–60.

297   Batlogg, Einführung, in: Spadaro, *Interview mit Papst Franziskus* (wie Anm. 25), 11.

298   Bischof Felix Genn in einem Vortrag während einer Veranstaltung zu *Evangelii gaudium* im Franz-Hitze-Haus in Münster am 24. Januar 2014.